民族传统体育运动

主　编：赵　伟　李跃生
副主编：张芳来　耿栋良
编　委：王学满　赵志鹏　蔡伯君　吕晶晶

学苑出版社

目　录

第三篇 木球运动

第四篇　高脚竞速

第五篇　蹴球运动

第六篇　陀螺运动

第七篇 板鞋竞速

第八篇 押加运动

前　言

民族传统体育运动，是我国璀璨的历史文化瑰宝，继承和发扬民族文化，是我们民族体育工作者的毕生追求。

我国是一个多民族国家，各民族体育特点不同，全国少数民族传统体育运动会将文化迥异的各民族传统体育运动相融合，搭建了我国民族传统体育运动的展现舞台。目前，全国少数民族传统体育运动会设有的竞技项目包括毽球、珍珠球、木球、高脚竞速、蹴球、陀螺、板鞋竞速、押加、武术、摔跤、射弩、秋千、龙舟、赛马、抢花炮等15项。

河北体育学院从2002年开始招收少数民族传统体育专业方向的本科生，我们通过收集、整理各方面的资料，自编了教材，并在2004年出版了《少数民族传统体育项目》一书。随着社会和民族体育的发展，我们通过对第六、七届全国少数民族传统体育运动会实践的总结，以《少数民族传统体育项目》为蓝本，挑选出在全国开展较普及的毽球、珍珠球、木球、高脚竞速、蹴球、陀螺、板鞋竞速、押加八个项目，对各项目起源与发展、特点、技战术、教学与训练、比赛规则等方面进行了系统的阐述，编成本书。

本书编写人员多年从事民族传统体育的教学与训练工作，具有丰富的执教、裁判经验，在编写过程中力求把最好的精神食粮奉献给社会，光大民族体育之精神，满足和丰富人民群众的文化生活。该书可为我国民族传统体育竞技运动项目的比赛与训练工作提供参考，也可作为一本相关专业院校的教学用书，同时为广大民族体育运动爱好者打开了一扇了解我们民族体育运动的窗口。

本书编写组

2007年9月

第一篇　毽球运动

第一章　毽球运动概述

第一节　毽球运动简介

一、毽球比赛方法

毽球比赛分为团体（三人）、双人、混合双人、单人共三类七项。比赛时双方队员在长 11.88 米、宽 6.10 米（团体、双人）、5.18 米（单人）的场地上，从中间隔开的球网（男子网高 1.60 米，女子网高 1.50 米）上方，根据规则的规定，运用身体除手臂以外各部位的各种击球技术，进行攻防对抗，使球不在本方场内落地的一种球类运动。

比赛是从队员在发球区内，用脚将球直接发过球网开始的，每方最多击球次数为团体赛三人次击球四次，双人（含混合双人）赛三人次击球三次，单人赛击球两次使球过网，一名队员连续击球不得超过两次，比赛不间断地进行直至球落地、出界或某一队员犯规。

团体赛时，场上三名队员呈三角形站立，靠近端线的队员为一号位，获得发球权的队，三名队员必须按顺时针方向轮转一个位置，由轮转到一号位的队员发球。

各项比赛采用三局两胜每球得分制，团体赛每局 21 分，其他各项每局 15 分。

二、毽球运动的特点

1. 科学的健身性：毽球运动的产生、发展与变化，符合人们生理、心理和社会发展的客观规律；它的技术动作是人们日常生活动作的延伸，符合人体解剖学特点。所以踢毽球不仅可以提高力量、弹跳、速度、灵敏、耐力、协调、柔韧等身体素质，还能改善人体中枢神经系统和内脏器官的机能状况。

2. 广泛的群众性：因为毽球运动是源自于我国，已有两千多年历史，民间开展甚为普及的踢毽子活动，所以有着极为广泛的群众基础。同时由于它的场地、器材比较简单，规则易懂，运动量可大可小，是一项老少皆宜的运动，深受群众的喜爱。

3. 高度的技巧性：规则规定，比赛中球不能落地，限定每方击球的次数，身体除手臂以外各部位均可击球。这就使击球时间短暂，击球空间多变，从而决定了毽球技术的高度技巧性。

4. 丰富的娱乐性：踢毽子原本就是人们的娱乐活动，经过改良发展成为毽球，除保留原有的高度技巧性外，其比赛激烈的对抗性更符合现代社会的发展和人们竞争心理的需要。它不仅使踢者乐在其中，也使观者赏心悦目。

5. 激烈的对抗性：这是毽球与传统踢毽子最大的区别。比赛双方在有限的场地内，通过有限的击球次数，发挥己方的优势抑制对方的发挥，以取得比赛的胜利。

6. 严密的集体性：毽球比赛中（单人赛除外），除发球和一次击球过网外，都是在集体配合中进行的。没有严密的集体配合，再好的个人技术也难以发挥，更无法发挥战术的作用。

7. 技术的两重性：毽球的多种技术都可能得分，也可能失分，每项技术都有攻防的两重性。攻中有防，防中有攻，互相转换，互相制约。

第二节　毽球运动的起源与发展

一、我国踢毽子活动的历史

踢毽子流传民间已有二千年之久。毽子起源于汉代，盛于隋唐。第一次对踢毽子的文字记载出现在《帝京景物略·唐释道宣僧传二帙卷十九佛陀禅师传》，书中记述："入洛将度有缘门慧光年立十二，在天街井栏反踢碟，一连五百，众人惊异而观之。"意思是说：5 世纪末，北魏有个佛陀禅师，路过洛阳天街时，见 12 岁少年慧光在井栏上一连踢毽子 500 个，很多人看后表示吃惊。

唐宋时，踢毽子在我国民间已很盛行，踢毽子的方法也很多。据宋代高承著《事物纪原》一书记载："今日小儿以铅踢为钱，装以鸡羽，呼为�子，三五成群走踢，有里外廉、拖抢、耸膝、突肚、佛顶珠、剪刀、拐子、各色……"在南宋的都城临安（今日的杭州）踢毽子曾风靡一时。在《武林旧事》一书中有记载："以经营毽子为食者，则有数十家之多……"可见当时踢毽子是何等普及。"杨柳儿青放空钟，杨柳儿死踢毽子"，这是流传明代甚广的一首民谣，反映了儿童多在冬季开展这项活动。

到了清代，踢毽子的水平已相当高。据清代岭南三大家之一屈大均著

《广东新语》中记载：每年正月十五日，广州有踢毽子会，男女老少云集五仙观进行比赛。毽子有大有小，踢大者市井人，踢小者豪贵子。小踢又叫小式，或称文式和盘踢，技巧难度要求低一些，适宜少女和老年人；大踢叫大式，或称武式和交踢，踢的花样很多，成套数解，但不能前后调换或漏一种，规格很严格。

近代京津两地踢毽子也很盛行，被誉为毽子谭的谭俊山，从小喜爱踢毽子，简直入了迷，终于练就一套绝技。他78岁时，还能一口气平踢六千多下，并可踢出二三套动作，譬如串蔓儿、三条腿钓鱼、飞葫芦、脚底踢、反踢、前踢、后踢，并能用头顶、侧脸，把各种踢法交织起来，编成一套套动作，真是毽飞人舞、矫健多姿。

我国有正式毽子比赛的记载是在1928年12月，当时在上海中华国货展览会举行。主持评判者为褚民谊，冠军由陈鸿泰获得，交踢了120个。1933年初汉口举行全市踢毽子比赛。1933年3月26日，在北京举行了首都踢毽会。1933年10月11日，举行了全国踢毽子运动会，普通赛由上海的周柱国获冠军，共踢2493对；特别赛由上海队陈鸿泰获冠军，交踢57个。

二、毽球运动的诞生与发展

毽球运动是从我国古老的踢毽子游戏发展起来的。它首先起源于广州，早在20世纪30年代，广州火车站周边的三轮车工人就喜欢踢毽子，常在闲暇时以绳代网，进行网毽游戏。因为这项活动不受场地限制，用鹅毛制作的毽子耐用易带，每次比赛，每边二三人对踢，落地为败。这样使踢毽子活动逐渐发展成为对抗性比赛，提高了踢毽子的竞技性和趣味性，深受广大三轮车工人的欢迎，他们把这项运动叫“网毽”。以后这项运动逐步推广到了广州市的许多工厂、学校和其他行业中，并随着华侨的往来，逐渐把这项运动传入东南亚几个国家。

解放后，广州市体委很快制订出《网毽竞赛规则》，并且每年都要举行全市性网毽比赛，从而使网毽运动得到很快的发展，运动技术水平也有很大的提高。

在各级领导的关怀和倡导下，全国各地都蓬勃地开展起踢毽活动，北京、天津、上海、武汉、广州、沈阳等城市举行过踢毽比赛，比赛形式多样，有单人踢、双人踢，也有集体踢，还有花样踢毽表演。随着踢毽子活动的普及，网毽运动也得到了发展。1983年火车头体育协会将自定的《网毽竞赛规则》寄给国家体委，并要求推广这项项目。国家体委为了发展民族传统体育，发扬民族文化，特派人先后到武汉市、广州市、天津市等地试验、考察其可行性。经过多次讨论、研究，国家体委决定将网毽定名为毽球，并于1984年3月3日向全国有关部门下发了《关于把毽球列为正式比赛项目的决定》的文件，制订了全国第一个《毽球规则试行草案》，1984 年 3 月 7 日在《体育报》上正式公布。之后，国家体委决定于 1984 年 3 月 25 日至 30 日在北京举行首届全国毽球邀请赛，以推动毽球这项运动的开展。

1984 年 5 月 28 日至 30 日，毽球发源地——广州再次举办了全国毽球邀请赛，此时参加比赛的单位就达 15 个省、市 23 支男女队。此后各种比赛频频举行，极大地促进了群众性毽球运动的发展。正因为毽球运动简单易行，既有趣味性又有竞争性，尤其受到广大学生、职工的喜爱，他们成为毽球运动开展的主力军。

1988 年 8 月在长春市举办了第一届全国大、中、小学毽球邀请赛，毽球走进我国高等学府，受到大学学生的热烈欢迎。在 1996 年 4 月召开的中国毽球协会第三届全体委员会上，对协会章程进行了修改，并进一步明确了今后毽球发展的方向。

随着毽球运动的逐步推广，各年龄段及各行各业的毽球爱好者都加入到这项运动中，形成了全国几项大的竞赛制度。

1995 年 10 月，在云南省昆明市举行的中华人民共和国第五届少数民族传统体育运动会上，毽球被列入正式比赛项目，毽球第一次进入大型综合运动会。在民运会众多的项目中，有一百多项表演项目和十一项比赛项目。把毽球列为十一个比赛项目之一，无疑对毽球在少数民族中的普及和推广起到了积极的作用。

1996 年 11 月，在上海市举行的第五届全国农民运动会上，毽球被列为表演项目，这是毽球首次进入农运会。2000 年第六届全国农民运动会上，毽球被列为正式比赛项目。

1996 年，首先在毽球比赛中增加了单人比赛，原来的三人比赛则称为团体赛。

1999 年毽球被列入全国中学生运动会比赛项目，2007 年也被列入全国大学生运动会。

现在，每年的全国毽球锦标赛，职工、学生的各级毽球赛已经形成了制度。

三、国际毽球运动的发展

毽球这项运动在国内发展很快，通过各项宣传渠道，如比赛、广播、电视，逐渐引起了国外的注意，我国也积极向国外推广毽球运动。上世纪 70 年代后期，德国游人在中国的武汉第一次看到这种简便易行、老少咸宜的新游戏，随即带回欧洲，并在德国、匈牙利、芬兰等国推广开来。发展到 90 年代，东南亚一些国家和地区也相继开展了这项运动。

1999年11月，国际毽球联合会在越南成立，发起国家和地区为：中国、越南、匈牙利、德国、老挝、中国台北、中国香港、荷兰。目前，欧洲的德国、爱尔兰、匈牙利、荷兰，美洲的美国、加拿大，亚洲的日本、韩国、越南、马来西亚、新加坡等国都在开展毽球运动，中国生产的毽球已出口到欧洲、美洲、亚洲等十几个国家和地区。

1987年4月，受亚太地区体育总会和日本业余体育协会的邀请，由鞍山钢铁公司和天津棉纺一厂组成的中国毽球队访问日本，参加在日本举行的国际传统体育节。随后，日本也成立了毽球协会。1990年6月底中国毽球队再次出访日本，到日本的学校进行表演，辅导、帮助他们提高技术。日本《读卖新闻》进行了专题报道，静冈市市长为中国毽球队颁发了“友好使者证书”。

（一）国际性赛事和对外交流

1. 1993年首届国际毽球邀请赛在重庆举行，1995、1997年又相继在武汉、合肥举行第二届、第三届国际毽球邀请赛。

2. 1996年7月中国男女毽球队（来自哈尔滨铁路局）一行10人访问了匈牙利、德国和芬兰。

3. 1988年、1992年和1996年中国毽球队相继赴日本、德国和泰国参加了第一、第二和第三届世界民族传统体育节。

4. 1998年中国毽球队分别赴越南和德国进行交流。

5. 2000年我国广东的中山和惠州都举行了国际毽球邀请赛。

6. 2000年中国花毽队赴香港表演取得巨大成功。

7. 第一届世界毽球锦标赛2000年7月15日~21日在匈牙利乌伊扎斯市举行，中国、越南、老挝、德国、荷兰、匈牙利、中国台北、芬兰八个国家和地区组队参赛。

8. 第二届世界毽球锦标赛2001年9月18日~22日在中国无锡举行，柬埔寨、德国、中国香港、芬兰、匈牙利、韩国、老挝、中国台北、越南、中国11个队参加了比赛。

9. 第三届世界毽球锦标赛2002年10月19日~27日在德国哈根市举行，中国、中国香港、中国台北、德国、越南、匈牙利、芬兰、老挝、柬埔寨、法国10个队参赛。

10. 2003年11月，东南亚运动会在越南举行，中国毽球协会派员观摩了其中的毽球比赛。

11. “广州四建杯”第四届世界毽球锦标赛2005年12月9日~13日在广州市花都区举行，13个国家和地区的14支代表队136名运动员参加比赛。

（二）国际毽联

1. 1999年11月，国际毽球联合会在越南成立，发起国家和地区为：中国、越南、匈牙利、德国、老挝、中国台北、中国香港、荷兰。

2. 国际毽联第一次执委会于2000年7月在匈牙利召开。会议接纳芬兰为会员国。会议决定，2003年前毽球世锦赛设男女团体、男女单人、男女双人和混双7个项目。

3. 国际毽联第二次执委会和代表大会于2001年9月在中国无锡召开。会议接纳韩国、柬埔寨为会员。会议同意使用现行的毽球竞赛规则为国际毽球赛规则。

4. 国际毽联第三次代表大会和执委会于2002年10月在德国召开。香港申办了2003年的世界毽球锦标赛。会议决定由王钧接替戴文忠担任国际毽球联合会主席。国际毽联副主席张维力（越南）由张光忠（越南）接替。会议还决定第四次代表大会和执委会于2003年在香港举行。

5. 国际毽联成立以来，分别于2000、2001和2002年在匈牙利、中国和德国举办三届世界锦标赛。由于SARS影响，第四届世界锦标赛未能如期在香港举行。

6. 国际毽联现有会员13个，泰国和缅甸表示有兴趣加入国际毽联。

我国毽球运动的诞生和发展，中国毽球协会和国际毽球联合会的成立，使毽球运动通过广播、电视及新闻媒介的信息传递，引起了世界不少国家的关注，尤其是我国改革开放的大好形势，为我国同世界各国毽球运动的交流提供了许多方便条件。毽球运动已经走向了世界。

第二章　毽球技术的教学与训练

毽球技术是在比赛规则允许的条件下，所采取的各种合理击球动作和配合动作的总称。

毽球基本技术包括准备姿势与移动、踢球、起球、触球、传球、发球、攻球与封网等项技术。本书在毽球基本技能部分将对每项基本技术从三个方面进行描述，即技术动作方法、技术动作的运用、练习方法举例。通过这些基本理论知识的学习，运动员可形成正确的动作概念，了解技术动作运用的方法和时机，选择合理的练习方法，从而有效地指导练习和训练，更快地掌握和提高毽球运动的基本技能。

第一节　准备姿势与移动

准备姿势和移动是毽球的基本技术之一，是完成各项技术的前提和基础。移动是由起动、移动步法和制动三个环节所组成。起动是移动的开始，它是在准备姿势基础上变换身体重心的位置，使身体便于向某一方向做移动步法。移动步法则是在起动基础上，利用脚步动作来改变队员在场上的位置，去完成击球技术动作和战术配合的行动。制动是移动的结束，其作用是克服身体的惯性冲力，保持好击球前的准备姿势。由此可见，移动的目的是为了合理取位和迅速去接近球，保持好人与球的合理位置关系。

1. 准备姿势

在做起动、移动和击球前的动作时，队员应做一些合理的准备动作。

合理的准备姿势比一般的准备姿势更能使肌肉保持适度的紧张，这样就比肌肉放松或过度紧张更有利于起动、快速移动和应付各种复杂情况。毽球比赛中各种技术动作，都采用不同的准备姿势，但最常用的准备姿势按两脚开立的方向可分为前后开立准备姿势和左右开立准备姿势两种。

前后开立准备姿势：两脚前后开立与肩同宽，两脚尖正对前方，后脚跟稍提起，膝关节保持一定的弯曲。上体稍前倾，重心靠前，两臂放松，自然弯曲置于体侧。全身肌肉不宜过分紧张，应适当放松，两脚保持微动状态，两眼注视来球。该准备姿势常用在接发球和后排防守预判移动中。

左右开立准备姿势：两脚左右平行开立与肩同宽，两膝稍弯曲内扣，重心稍降落于两脚之间，上体稍前倾，两臂放松，自然弯曲置于体侧。全身肌肉适度紧张，两眼注视来球。该准备姿势常用在预判移动后，防守对方攻球落点在中、前场时。

2. 移动技术

队员从起动到制动之间所采用的各种身体位移方法称为移动技术。队员在场上能否及时移动到位，是完成技术动作的关键。因此，移动快慢，直接影响完成技战术的质量。

前上步移动：队员前上步或斜前上步时，踢球脚蹬地，支撑脚向前或者斜前方迈一步，踢球脚跟上成踢球准备姿势。

并步移动：当队员向右侧移动时，左脚内侧蹬地，重心向右移动，右脚向右侧平滑一步，左脚跟上并步，做好完成下一动作的准备姿势。如向左侧移动时，则动作方向相反。

滑步移动：指一次以上的并步移动连续完成的移动步法。

交叉步移动：若向右侧交叉步移动时，上体稍向右移，左脚内侧蹬地从右脚前面向右交叉迈出一步，然后右脚再向右跨出一步，同时身体降低前移来球方向，保持击球前姿势。

跨步移动：支撑脚用内力向前或斜前方蹬地，重心降低前移，击球脚沿地面跨出，插入球下成救球姿势，两手臂自然摆动保持身体平衡。该动作一般多在来不及移动或快速移动后衔接使用。

跑步移动：当球的落点距离身体较远时采用。跑步时，起动的步子要小，步频要快，然后逐渐加大步幅，两臂要配合摆动，在接近来球时，减速制动，逐渐降低重心做好击球前的准备姿势。

后撤步移动：移动时，身体保持稍低的姿势，重心落在两脚之间，两脚间距比肩窄，用两脚的前脚掌交替蹬地向后退跑动。后退时，应注意提起脚跟，抬头注视来球情况，上体不要后仰，保持身体平衡。

转身移动：转身变向是队员以一脚做中枢脚，另一脚蹬地，通过躯干的转动，改变身体的方向，保持人与球之间的合理关系的一种步法。转身时，与中枢脚的前脚掌为轴，重心移到中枢脚上。如向两侧变向应用蹬地脚的前脚掌的内侧蹬地；如前后转身时，则用前脚掌蹬地，加之腰部的转动，改变身体的方向。一般情况下，转身变向后常与跑步、跨步等移动步法衔接使用。

3. 教学方法

（1）学生成一列横队分散站立，看教师手势或听口令进行步伐移动练习。

（2）学生两人一组相向距 3 ~4 米站立，一人将球抛向对方前、后、左、右 1 ~2 米处，另一人用各种移动到位，将球击回。

第二节 踢球技术

踢球技术是指利用脚的各个部位，将球向上或前上踢起的技术。它是毽球技术中的主要技术，包括脚内侧、脚外侧、脚背踢球技术。

一、脚内侧踢球（也称盘踢）

脚内侧踢球是指用脚的内侧部位（脚弓）踢球的动作。

动作要领：踢球时身体重心移到支撑腿上，踢球腿大腿带动小腿向前上方摆动，此时髋关节外展，膝关节弯曲，踝关节内翻前伸，以绷平的脚内侧面向上或前上方将球踢起。

教学方法：

1. 让学生做无球模仿练习，重点注意脚形是否正确。

2. 学生两人一组，一人抛球另一人用脚弓将球踢起，互相纠正。

3. 自抛自踢和左右脚交替连续踢。

二、脚外侧踢球

脚外侧踢球是指用脚的外侧面击球的动作。

动作要领：踢球时重心移到支撑脚上，目视来球方向，上体稍向踢球侧侧转，踢球腿膝关节弯曲，小腿外展向上摆动，踝关节内屈脚绷紧，用脚外侧面击球。

练习方法：

1. 无球空踢练习，体会动作要领。

2. 自抛球用一侧脚踢。

3. 用右脚内侧踢球一次，再用左脚外侧踢球，循环练习。

4. 用两脚外侧交替进行踢球练习。

5. 两人距2~3米相对站立，一人向对方体侧抛球，另一人用脚外侧将球踢起。

三、脚背踢球

脚背踢球是指用脚的背面踢球的动作。

动作要领：踢球时重心移到支撑腿上，踢球腿向前摆动，将脚插向即将落下的球下，在击球的一刹那伸膝勾脚用脚背击球。

练习方法：

1. 无球空踢，体会动作要领。

2. 自抛自踢和左右脚交替连续踢。

3. 两人距2~3米相对站立，一人向对方体前抛球，另一人用脚背将球踢起。

4. 两人面向墙站立，距墙约50厘米，一人向墙抛球，另一人用脚背去踢从墙上反弹下来的球。

第三节　起球技术

起球技术是指利用脚、腿、胸、头等身体有效部位，把对方击过网或突破封网后的球击起，即组织进攻的击球动作。

根据来球方式的不同，所要完成的任务不同，起球基本技术可分为脚内侧起球、脚外侧起球、脚背起球、腿部起球、胸部起球和头部起球等。

一、脚内侧起球

脚内侧起球是指用脚的内侧面击球的起球动作。

技术动作方法：起球前，两脚前后自然开立，踢球脚在后，两膝微屈，两手臂自然下垂于体侧。起球时，身体重心应移到支撑脚上，踢球腿大腿带动小腿由后向前上方摆动。在摆动过程中应逐渐形成髋关节外张、膝关节弯曲、踝关节内翻的基本姿势。击球的一刹那脚部击球面端平，击球部位应在脚弓内侧面的中部，击球点一般应在支撑腿膝关节高度之体前40厘米处。起球的全过程应注意柔和协调，大腿、小腿应完成向前上方送球的动作。

技术动作的运用：在起球基本技术中，脚内侧起球是一项使用频率最高的基本技术。它不但可以单独运用，而且可以与头部、胸部、腿部起球技术衔接使用。在毽球比赛中，脚内侧起球主要在以下三种情况中运用：（1）接起对方发过来的球（接起）。这时要求队员必须积极移动，调整好人与球之间的位置，做到一次起球到位，给二传队员提供一次自我调整球的机会。（2）在组织进攻的传球中使用。脚内侧起球是一项传球的专项技术，要想传好球，首先必须养成良好的习惯，即通过积极移动以及第一次调整击球的机会，处理好人与球之间、人与传球方向之间、传球队员与攻球队员之间的合理关系。在此基础上，应提高传球队员的控球能力，使之具备能传高球也能传低球，能传集中球也能传拉开球，能传远网球也能传近网球，以及变向传球的能力。（3）在防守中运用。由于毽球比赛攻球的飞行线路短，速度快，落点变化多，所以给防守增加了难度。脚内侧起球的主要作用是防起正面飞来高度在踝关节至膝关节之间的来球，以及其他起球技术防起后的第二次起球到位。这就要求在训练中应加强防快速球、大力量球，提高出脚速度的练习，加强其他起球技术与脚内侧起球技术的衔接能力练习。只有这样才能保证在困难条件下合理运用脚内侧起球技术。

练习方法：脚内侧起球技术动作的练习方法有多种多样，青少年朋友可以先进行原地练习而后在移动中练习，从单人自己练习过渡到多人的配合练习，随着熟练程度的提高，逐渐在起球的速度、弧度和落点上加大变化和难度。在练习过程中要注意对正确技术动作的体会，通过以下五种基本练习方法的练习，同学们可基本掌握脚内侧起球技术。

1. 原地高低起球练习。先原地起一次低球，约1.80米高，接着起一次高球约3米高。规定若干队为一组反复练习。认识踢高球的送球动作，提高脚的感受能力和控球能力。

2. 向前移动中起球练习。先原地起一次低球，接着向体前3米处起一次高球，迅速向前移动再起一次低球。规定若干队为一组反复练习。认真体会向前上方踢高球的送球动作，以及移动与起球的衔接动作。

3. 原地背向起球练习。先原地起球1~2次，再把球踢到背后，迅速转体180度踢体前低球。规定若干队为一组反复练习。认真体会背向起球的送球动作，提高在转身情况下的时空感受能力。

4. 原地两人对面起球练习。两人面对面站立，相距约4米，相互起球练习。根据训练任务不同，对起球次数、动作要求、给球的弧度以及落点等都会提出不同的要求。

5. 原地三角站位起球练习。三人一组组成三角形站立，间距约4米，可按顺时针方向或逆时针方向起球。先要求两次起球到位，而后逐渐要求一次起球到位。认真体会来球方向不同的起球方法。

二、脚外侧起球

脚外侧起球是指用脚的外侧面击球的起球动作。

技术动作方法：起球前，两脚自然开立，两膝微屈做好准备姿势。起球时，重心移到支撑脚上，击球腿的髋、膝关节内扣，踝关节背屈，膝、踝关节外翻，使脚外侧尽量与地面平行，做好击球前的准备动作。击球是利用小腿内翻快速上抬的动作完成。脚接触球的部位一般在脚外侧面的中部或中后部，击球点的高度一般不超过膝关节。当来球较高并快速向体侧后方飞行时，出球腿的大腿可外转迅速沿地面后摆，伸腿插入球下，踝关节自然勾起向外翻转，脚尖指向体侧，脚的外侧面约成水平，身体保持前倾。击球是利用小腿快速屈膝上抬的动作向体前上方击球。脚接触球的部位在脚外侧面的中部或中后部。击球动作完成后，击球腿经后上方向前下方放下，并准备完成下一个动作。

技术动作的运用：脚外侧起球是一项重要的防守技术。当对方的来球平而快，落在身体两侧或从体侧、肩上向后场飞行，来不及移动和转身时采用。在比赛中，该技术主要在以下三种情况中运用：（1）当对方向后场两角发平快球来不及转身移动时，可采用脚外侧起球接起身体两侧的来球；（2）对方强攻，或平打中后场时，运用该技术防起落在体侧的球或拦截从体侧向后场飞行的来球，扩大防守面积；（3）封网队员防起对方吊在体侧的来球以及保护队员防起落点在体侧的来球。由于来球常常落在身体的左侧或者右侧，这就要求队员左、右脚都应掌握，并且能在快速和困难的条件下熟练运用脚外侧起球。

练习方法：在学习脚外侧起球时，先学习脚外侧体侧起球动作，然后再扩大这项技术的运用，学习脚外侧后摆起球，学习时不易操之过急。不论采用任何练习方法，都应认真体会击球腿髋关节、膝关节内扣，踝关节勾起外翻，使脚外侧尽量与地面平行的击球前动作。在练习过程中，先可选择习惯脚进行练习，然后在练习另一脚，逐步要求两脚都能熟练掌握。

1. 单脚外侧起球练习。右手托球放于体侧，轻抛球后单脚垂直起球，踢球失误用手接住。反复练习，认真体会动作要领，形成正确的动作定形。

2. 内接外起球练习。先右脚内侧起球一次，而后接左脚外侧起球。反复练习，认真体会脚外侧把球踢到体前接脚内侧的用力方法。

3. 两脚外侧交替练习。先右脚外侧起球一次到体前，踢球高度超过身高约 50 厘米，而后用左脚外侧起球。反复练习，认真体会左右转髋扣膝的动作。

4. 向身体两侧的抛球练习。教练员站在离队员约 4 米的地方，把球抛向队员的体侧，队员用脚外侧起球到体前，而后用脚内侧传给教练。认真体会击起有一定角度和速度的来球，熟练外侧接内侧起球的运用能力。

5. 脚外侧防起手攻球练习。方法同练习方法（4），只是教练员用手攻球到防守队员的身体两侧。认真体会防快速来球的能力。

三、脚背起球

脚背起球是指用脚的背面击球的起球动作。

技术动作方法：起球前，两膝微屈，重心下降，做好准备姿势。起球时，一脚支撑身体，另一脚主动插入球下，脚背与地面基本呈水平，当球快落到脚背上时，利用适度的伸膝和踝关节背曲的协调勾踢动作，把球向上踢起。击球部位应在脚的跖趾关节处，击球点应在离地面 10 ~ 15 厘米的高度为好。击出球的方向、弧度和落点，可通过脚背面的变化、踝关节背曲勾踢的程度来调整。

技术动作的运用：脚背起球技术是毽球比赛中防守救球的重要技术，左右脚都必须掌握。当对方的来球速度快、落点低以及球的落点离身体较远不能及时移动到位时，必须运用脚背起球。例如：封网队员跳起落地后利用脚背防起

“窝果”球；在堵截对方的攻球时，球打到防守队员的腹部、腿部后会马上下落，防守队员可利用两次击球的机会低点把球救起；当球的落点离身体较远，防守队员可利用快速移动接跨步动作把脚插入球下，用踝关节背屈的爆发力把球勾踢救起。

练习方法：以下五种练习方法是遵循由易到难的顺序进行排列的，运动员应首先掌握了前一种方法而后再进行下一个方法的练习。这项技术动作有一定难度，一开始可能只踢几个，只要增加练习的次数，认真体会动作要领，就会一次比一次踢得多，技术动作越来越协调自然。

1. 徒手模仿动作练习。队员面对教练原地站立，按教练的讲解示范认真体会脚背起球的动作要领和用力方法。先单脚体会，而后双脚交替模仿练习。

2. 自抛自踢练习。首先练单脚一次起球用手接住，认真体会膝、踝关节的协调用力和击球时机，当有一定熟练程度后，逐步过渡到连续练习和左右脚交替反复练习。

3. 向前移动中的练习。队员站在发球线之后，沿直线向网前移动中脚背起球，要求左右脚交替练习，看谁先踢到网前并把球踢到网上，然后用脚背救起上网后下落的球。

4. 脚背向体后起球练习。队员每人一球，先原地体前起球 2～3 次，而后踝关节发力踢球，使球从头顶飞到体后约 1.5 米处，队员迅速转体 180 度用脚背起球，反复练习若干次为一组。

5. 防快速手抛球接脚内侧起球。教练员与队员相距 4 米站位，教练用手快速抛球到队员体前 40 厘米处，队员用脚背低点防起来球，而后用脚内侧平稳地把球送出。

四、腿部起球

腿部起球是指用大腿正面部位击球的起球动作。

技术动作方法：起球前，两膝微屈做好准备姿势。当球飞近大腿时，重心移到支撑腿上，击球腿自然曲膝，大腿带动小腿由后向前上方快速抬起，用大腿的前 1/3 处击球，抬腿力量的大小应根据起球的弧度和落点要求加以控制。腿接触球时应与地面保持一定角度，形成良好的反射角。击球后，腿应立即放下，准备移动或接做下一个动作。

技术动作的运用：当来球速度较快，高于膝关节、低于腹部时，常采用腿部起球。腿部起球可单独使用一次起球到位，但多数情况下是与其他技术动作组合使用的。如在接发球中，常与脚内侧起球动作组合使用；在防攻球时，则常与脚背起球组合使用。

练习方法：由于腿部起球动作的击球面积较大，所以便于掌握，只要运动员在练习中控制好抬腿的时机、大腿与地面的夹角和击球部位，就可逐步掌握这项起球技术。

1. 原地腿部起球练习。先进行单腿练习，逐步过渡到双腿交替练习。认真体会技术要领，特别是抬腿时机、击球角度和击球部位。

2. 向前移动中的练习。队员站到一侧边线，沿直线向另一侧边线移动中腿部起球。要求左右脚交替练习，起球高度一般不超过头顶。

3. 接起正面来球的练习。队员两人一组，相距约 4 米站立。一队员用手正面向练习队员平抛球，练习队员采用腿部起球接脚内侧起球进行练习。先练习左腿起球，而后练习右腿起球接脚内侧起球，熟练后则可任意抛球。

4. 接身体两侧球的练习。队员站在 1 号位，教练员站在网前向队员身体两侧抛球。队员采用腿部变向把体侧球拉到体前，然后接脚内侧起球到位。

5. 腿部防守攻球练习。队员两人一组相距约 4 米站位。网前队员向后场队员腿部手攻球，后场队员采用腿部起球接脚内侧起球或脚背起球把球防起到位。每人防起 10 个好球后交换练习。

五、胸部起球

胸部起球是指用胸部击球的起球动作。

技术动作方法：起球时，判断来球，移动胸堵。当来球偏低时，可采用屈膝姿势，偏高则可跳起胸堵。击球时，两手臂微屈自然置于体侧，身体自然挺胸，伸膝身体重心上移，给球向前上方一个作用力，使球呈小弧度飞行下落。也可运用左右转体、压肩动作调整球的飞行方向。胸部起球动作完成后应迅速接下一个动作。

技术动作的运用：当球速较快并以胸部高度飞来时，可采用胸部主动堵截来球，缓冲球速，调整球的飞行方向和落点，以便衔接其他起球技术，起到完成某一任务的作用。在毽球比赛中，胸部起球多在以下两种情况下运用：（1）当对方发球平而快追胸而来，接发球队员来不及移动时采用；（2）在防反过程中，防守队员经常积极移动，用胸部堵截对方进攻队员的主要线路，或堵截对方平打后场的攻球。

练习方法：胸部起球动作一般不能自己单独练习，所以无论采用哪种练习方法都必须由对方抛球或攻球进行练习，这就要求同学们要有良好的配合精神，给出适合进行胸部起球练习的球，即控制好球的飞行弧度、速度和落点，只有这样才能达到较好的训练效果。

1. 原地徒手模仿练习。原地无球情况下做胸部起球动作的模仿练习。认真体会身体自然挺胸、伸膝时身体重心上移的动作。意念上给球一个向前上方的作用力，使球呈小弧度飞行下落。

2. 胸部起手抛球。两人一组相距4米站位。一人向对方胸部高度平抛球，胸部起球后接脚内侧起球传回抛球队员，每人练习若干次后交换反复练习。

3. 左右移动胸部起手抛球。两人一组相距4米站位。抛球队员向对方身体两侧胸部高度平抛球，起球队员向两侧移动胸部堵球。胸部起球后接脚内侧起球传回抛球队员。每人练习若干次后交换反复练习。认真体会并步和滑步接胸部起球的动作要领。

4. 胸部防起手攻球。两人一组相距2米站位。一人自抛球后用手把球打到对方胸上，防守队员用胸部防起对方的手攻球，而后接脚内侧或脚背起球到位。认真体会胸部对重攻球的适应能力，以及在球速较快情况下与其他动作衔接使用的要领。

5. 隔网胸堵防起练习。教练员隔网手攻球，防守队员快速向前移动用胸堵截手攻球的主要线路。防守队员认真体会快速移动，胸部正对来球方向，做好胸堵前的准备姿势，以及胸堵攻球后与其他起球技术衔接使用的能力。

六、头部起球

头部起球是指用头的前额部位击球的起球动作。

技术动作方法：起球时，判断来球方向，及时移动使身体正对来球方向。当来球飞近额前时，头颈应有主动迎球的动作。当球快触击到前额的一瞬间，及时抬头触击球，顺势把球击起。整个动作要连贯，使触及前额的球向前上方成小弧度下落。头部起球动作可根据来球的高低原地或跳起空中完成。

技术动作的运用：当球向着头部迎面飞来又来不及移动和转身时，常常使用头部起球技术。这一技术主要起到堵截、缓冲、调整来球的作用，一般不能独立完成某一任务，常与脚内侧起球或其他技术衔接使用，从而利用两次击球的机会起球到位。头部起球技术在比赛中虽然运用较少，但在防守中仍然是一项不可缺少的防守起球技术。

练习方法：头部起球与胸部起球一样也不能自己单独进行练习，并且头部起球的击球面积较小，这就要求给出的球应更加准确，一般由教练员直接抛球练习效果会更好一些。运动员在练习中应认真、专心体会动作要领，不可随意开玩笑，影响练习效果。

1. 原地徒手模仿练习。原地无球情况下做头部起球动作的模仿练习。认真体会头部主动迎球上抬的动作。在练习过程中一定要意念来球、迎球、抬头触击球的时机和用力方法。

2. 自抛头部起球练习。自己由体前向前额小弧度抛球，头部起球后球成小弧度在体前40厘米处下落。抛球方法是右手的食指和中指夹住毽球颈部，底面向上，手臂直臂由下向前上方摆动。当手臂接近水平时屈肘、屈指把球从体前向前额小弧度抛出。

3. 头部起手抛球练习。两人一组相距 4 米站位。一人向对方前额高度平抛球，头部起球后接脚内侧起球传回抛球队员。每人练习若干次为一组，而后交换反复练习。

4. 脚背起球接头部起球练习。每人一球，脚背起球接头部起球反复练习。要求脚背起球的高度刚超过头顶方向由前向后上方飞行，并正好落在前额为好球。

5. 头部防起手攻球练习。两人一组相距 4 米站位。一人手攻球，另一人用头部起球技术防起，而后接脚内侧起球给手攻球队员。手攻球时应注意攻球的速度适中，高度约在前额。

第四节 触球技术

触球是指用胸、腹、腿等身体部位将球击起的动作。由于这些部位面积较大，将球迎击住的概率较大；但它们的灵活性较差，伸缩幅度较小，击球力量较弱，所击出的球高度较低，故此项技术主要用于接速度较快的、力量较大、线路较高及无法用脚踢到的球，以起到缓冲来球力量，重新调整来球，以便用脚踢球的作用。

一、胸部触球

胸部触球是指用胸部击球的动作。

动作要领：击球时身体正对来球，含胸，两臂自然下垂，上体稍后仰，两腿成前后开立微屈。击球一刹那两腿蹬地伸直，挺胸展腹，使球在胸部弹起落于体前以便做下一步的击球动作。如果在触球的一刹那身体同时做转体，可控制球的下落路线和方向。

练习方法：两人相对 3 ~ 4 米站立，一人以稍高于对方胸部的高度向其抛球，另一人用胸部将球击起。

二、腿部触球

腿部触球是指用大腿正面部位击球的动作。

动作要领：击球时身体重心移到支撑腿上，击球腿快速向前上方抬起，用大腿的前三分之一处击球。

练习方法：

1. 自己抛球进行一侧腿触球练习。

2. 用双腿交替进行腿部触球练习。

3. 两人相对 3～4 米站立，一人向对方抛球，另一人用腿部将球击起。

4. 一人抛球，一人用腿部击球，要求将球击到地面若干个指定区域。

三、腹部触球

腹部触球是指用腹部将球击起的动作。

动作要领：击球前，两腿开立，两腿微屈，上体稍前倾，含胸收腹。击球刹那两腿蹬直，向前上方展腹挺髋，用腹部将球击起。

练习方法：两人相对 3～4 米站立，一人以对方胸部以下腹部以上的高度向其抛球，另一人用腹部将球击起。

第五节　传球技术

传球是指利用各种击球技术，将球传至一定目标的动作。传球是毽球运动中的一项重要技术，是组织各种进攻战术的基础。其包括：正面传球、背向传球、侧向传球、自传球等。

一、正面传球

面对传球目标的传球称为正面传球。它是传球中最基本的方式，是掌握和运用其他各种传球技术的基础。因为该种传球方式是传球队员面对接球队员，所以传球准确率较高，比较稳定，不易失误；但不够隐蔽，落点明显，易被对方察觉随后的战术意图。

二、背向传球

背向传球目标的传球称为背向传球。该种传球方式传球隐蔽、突然，不易被对方察觉战术意图和判断球的落点，可提高进攻成功率；但由于传球队员背对接球队员，不易控制落点，且有突然性，易造成失误。需要队员有较好的基本功，队员之间的配合要默契。

三、侧向传球

侧向传球目标的传球称为侧向传球。该种传球方式传球隐蔽、突然，不易被对方察觉战术意图和判断球的落点，可提高进攻成功率；但由于传球队员背对接球队员，不易控制落点，且有突然性，易造成失误。需要队员有较好的基本功，队员之间的配合要默契。

四、自传球

队员为自己做下一个进攻动作而传出的球。该种方式传出的球符合队员自己的攻球习惯，故攻球成功率较高，但隐蔽性较差。

练习方法：

1. 两人相距 3 ~5 米，用各种方式传球。

2. 三人成一路纵队，每人间隔 3 ~4 米，中间的人做背传，其他二人做正面或侧面传球。

3. 三人站成三角形，每人间隔 3 ~4 米，做顺时针或逆时针方向传球。

第六节 发球技术

运动员在掌握了部分起球技术、移动步法，具有一定的奔跑能力后，就应该学习和掌握发球技术。发球是比赛的开始，不学会发球就无法进行隔网的对抗比赛。只要队员们初步掌握了发球基本技术，就可以组织形式多样的隔网对抗比赛。例如：一对一、二对二、三对三的隔网个人或集体推、攻对抗比赛。这些形式的比赛活动不仅是极好的、简单易行的健身活动形式，而且可以通过推、攻教学或对抗比赛，提高起球技术的运用能力。

发球不但是比赛的开始，也是进攻的开始。要想提高运动技术水平，就必须发出既有攻击性，又有准确性的球。因为攻击性强的发球不但可以直接得分，而且还可以破坏对方的战术组成，挫伤对方的锐气，从而为自己的防守减轻压力。发球攻击性的强弱具体表现在球飞行的弧度、速度和落点三方面的合理组合。

根据发球对身体与球网的关系，以及球接触脚的部位不同，发球技术可分为正面脚背发球、正面脚内侧发球、侧身脚背发球等。

一、正面脚背发球

正面脚背发球是指身体正对球网站立，用脚背面击球的发球动作。

技术动作方法：发球前的准备姿势是左脚在前，右脚在后，两脚脚尖正对前方，两膝微屈，重心靠近前脚，左臂自然前伸，掌心托球于体前。发球时，左手把球垂直向上轻轻抛弃，球约在右脚前方 40 厘米处下落；发球队员重心前移，踝关节绷直，利用抬大腿、踢小腿的动作，在离地面 20 厘米高度击球，把球发入对方场区。脚的击球部位应在脚背正面食趾的跖趾关节。

技术动作的运用：发球与接发球拉开了毽球比赛的序幕。要想合理运用发球技术，首先必须认真研究各种接发球站位的特点和作用；其次则是研究各种接起技术的结构特点和用途；另外还要掌握发球技术，熟悉球的飞行性能。只有这样，才能做到知己知彼，利用发球这一有利时机，发出攻击性强的球，出奇制胜。在毽球比赛中，重视发出球的速度，忽视球的飞行弧度和落点，往往攻击目标不准确，反而降低了接发球的难度，并且容易出现失误。为了让自己少失误，发出有攻击性的球，就必须在球的飞行速度、弧度和落点的有机结合上下功夫。在这一原则指导下，根据临场队员心理、技术等方面变化的需要，常采用如下发球方法：

1. 控制弧度的发球。如对方队员头部起球能力较差时，可发出有一定弧度和速度的球，迫使对方不能用膝或胸而用头部起球，破坏对方接起到位。或使球从对方队员的头顶和身体两侧齐肩高处飞到后场两脚，这不但增加了接发球的难度，而且稍有犹豫就会造成前、后排队员配合上的失误。

2. 控制落点的发球。把球准确的发到两人或三人之间的“中间地带”或“三角地带”，造成对方配合失误。或把球发到接发球的空当，即网前球或后场两脚球，迫使对方在移动中接球；发给信心不足、连续失误或刚换上场的队员，寻找对方的薄弱环节、技术弱点发球；把球发到二传队员的胸部高度，迫使二传队员用头或后撤接球，增加组织进攻的难度；当主攻转到后场时，把球发到后场两角，迫使他由于接球后移动路线太长，不便参加进攻。

3. 巧妙变化的发球。可采用长短线的变化，先发长线球到后场，当对方后撤调整站位后，再发短线吊前场。也可采用弧度和速度的变化，先发慢而高的保险球，当对方思想放松时，突然发平、冲的攻击性球。还可采用快和慢节奏的变化，裁判员鸣哨后，时而放慢速度发球，时而鸣哨后迅速把球发出，给对方心理上造成压力，特别是当对方站位未稳、放松警惕时效果更好。

练习方法：发球技术动作相对比较简单，一学就会，但要进一步提高发球的质量则并不容易。这就要求运动员在练习过程中加强对发球作用重要性的认识，在发球攻击性方面下一番功夫，达到在比赛中运用自如的程度。

1. 对墙发球练习。队员站在离球 6 米的地方对墙发球，发出球的高度控制在 2.5 米左右。要求认真体会抛球后击球动作，反复练习。

2. 站在两端线对发球练习。队员分成两组站在两边端线后对发，增加队员的练习机会。要求队员认真体会发球动作，逐渐减少失误率，教练员可巡回辅导，使队员尽快掌握发球技术。

3. 统计成功率的发球练习。队员分别站在两边发球区内发球，每人发 10 个球为一组，发若干组。发完一组后登记成功与失误的次数，最后统计每人的成功率，提高练习的效果。

4. 固定落点的发球练习。按照一般接发球站位容易出现的空当，用粉笔在场内画出一定区域，队员发到指定的区域内，每人发 5 ~ 10 个球为一组，一个一个区域反复练习。要求队员认真体会动作、力量的大小，逐步提高攻击能力和准确性。

5. 发球准确性和应变能力练习。按练习方法4先在场内用粉笔画出不同区域，队员按要求先发3个球到1号区域，而后依次发入2、3、4号区域各3个球，看谁先完成。培养队员发球的稳定性、准确性和应变能力。

二、正面脚内侧发球

正面脚内侧发球是指身体正对球网站立，用脚的内侧面击球的发球动作。

技术动作方法：发球前的准备姿势与正面脚背发球基本相同。发球时，左手把球垂直向上轻轻抛起，球约在右脚内侧前方40厘米处下落；发球队员重心前移，髋、膝关节外翻，曲膝向前摆动，当身体重心超过人体垂直面后，支撑脚向后蹬地，加速重心前移，髋、膝关节猛离外翻，加力前推，发球脚踝关节背屈用脚弓内侧中部把球发入对方场区，而后发球脚迅速着地保持身体平衡。

正面脚内侧发球的技术动作运用和练习方法可参照正面脚背发球的有关内容。

三、侧身脚背发球

侧身脚背发球是指身体侧对球网站立，用脚的背面击球的发球动作。

技术动作方法：发球前的准备姿势是身体侧对球网，左脚在前，右脚在后，两膝微屈，重心落在两脚之间，左臂自然前伸，掌心托球于体前。发球时，左手把球垂直向上轻轻抛起，球约在右脚内侧体前50厘米处下落；发球队员身体重心前移，以支撑脚的前脚掌为轴向左转体，踢球脚以髋关节为轴，大腿带动小腿由后向前摆动，击球前的一瞬间小腿用力踢球，脚背自然绷直，拇指尖向斜下指，以脚背正面或稍外侧一点的跖趾关节部位击球，踢球后腿应随球继续前摆。

侧身脚背发球的运用和练习方法与正面脚背发球相同，此内容可参照正面脚背发球。

练习方法：

1. 对墙发球练习。队员站在离墙6米的地方对墙发球，发出球的高度控制在2.5米左右。要求认真体会抛球而后击球动作，反复练习。

2. 站在两端线对发球练习。队员分成两组站在两边端线后对发，增加队员的练习机会。要求队员认真体会发球动作，逐渐减少失误率，教练员可巡回辅导，使队员尽快掌握发球技术。

3. 统计成功率的发球练习。队员分别站在两边发球区内发球，每人发10

个球为一组，发若干组。发完一组后登记成功与失误的次数，最后统计每人的成功率，提高练习效果。

4. 固定落点的发球练习。按照一般接发球站位容易出现的空当，用粉笔在场内画出一定区域，要求发到指定的区域内，每人发5~10个球为一组，一个一个区域反复练习。要求队员认真体会动作、力量的大小，逐步提高攻击能力和准确性。

第七节　攻球技术

攻球技术是指将高于球网上沿的球直接攻入对方场区的一种击球动作。攻球是毽球的基本技术之一，在比赛中占有重要地位。攻球是获得发球权和得分的重要手段，是进攻中最积极有效的武器。强有力和富有战术目的的攻球能使对方难以防守，是一个队争取主动，摆脱被动，夺取胜利的关键。攻球是完成整个战术配合的最后一击，它的成败在毽球比赛中有举足轻重的作用。

随着毽球运动的发展，攻球技术也在不断创新和完善。1983年底至1984年毽球运动刚刚兴起时，毽球比赛主要是运用细腻的脚下起球技术防起对方的来球，并把球推攻到对方。很快人们就意识到要夺取比赛的主动权，必须提高击球点，增强攻击力。于是，各队把探索和创新攻球技术作为研究的重点。不久，用头部作为进攻的有效方法出现在比赛场上，并迅速得到推广和发展。随着训练水平的提高，各队不但掌握了正面头攻技术，而且掌握了侧面头攻技术。击球动作由最早的头前额直接顶球过网直接演变为借助头发的“鞭打”动作加快球的飞行速度。由于技术结构的不断完善，队员们不但能攻近网球，而且中远网球也颇具威力。不但能高点进攻、变线进攻，而且可以打出许多非常漂亮的平快球。由于各队重视头攻，忽视脚下技术的发展与创新，所以在毽球界普遍出现重攻轻守的偏向。为了体现毽球运动以脚为主的风格和特点，限制头攻，鼓励脚攻就成为毽球规则修改的重要议题。这样一来，头攻限制线就从1985年的50厘米逐渐扩宽到1990年以后的2米宽，为脚能更好地参与进攻创造了条件。近年来，脚攻技术得到了迅速发展，各种脚背倒勾技术、脚掌踏球技术被挖掘和运用。在毽球比赛中进攻技术日益增多，围绕脚攻组织的战术配合日趋完善，大大提高了比赛的技巧性、观赏性和对抗性。回顾攻球技术演变和发展过程可以看出，今后将向着攻球技术多样化，以脚为主，头脚并用的方向发展，在高度、速度、变化、突然性、适应性方面加速发展。

根据击球所采用的部位不同，攻球技术可分为脚攻技术和头攻技术两大类。其中脚攻技术又可分为脚背攻球和脚掌攻球两种。

一、外摆脚背倒勾攻球

外摆脚背倒勾攻球是指传起的球在击球脚同侧外面，进攻队员运用大腿外摆，以及膝、踝关节的倒勾动作把球攻入对方场区的一种进攻手段。

技术动作方法：攻球前，攻球队员稍向右侧身背对球网站立，两膝微屈，两眼注视二传来球情况。助跑起跳多采用一步或两步，起跳时，膝踝关节充分蹬直，摆腿和摆臂动作有力。身体腾空后，击球腿迅速屈膝上摆，做好击球前的准备动作。击球时，击球腿迅速外摆，膝关节猛力伸踢，最后用踝关节的勾踢动作把球攻入对方场区，击球部位应在脚背面外侧的脚趾根处，击球点应在头上方右侧约50厘米处。击球后，应控制击球腿在空中的动作辅助，以防触网犯规。落地时，摆动腿先落地缓冲，击球腿随后落地，身体尽量控制平衡，准备进行下一个动作。

技术动作的运用：外摆脚背倒勾攻球是脚背攻球里最基本、最常用的方法。其优点是技术简练实用，便于配合，可原地起跳，也是进攻变化和整体战术配合的基础。使用时应注意掌握击球力量的大小变化，线路和落点的变化，通过观察对方封网和后排防守站位情况来确定进攻动作和攻球的落点，一般应以大力为主，打、吊、抹相结合。可助跑起跳高点进攻，传球可集中，可拉开，线路变化多。

外摆脚背倒勾攻球是一项最常用的进攻手段，也是学习其他进攻技术的基础，所以运动员应把该项技术作为主要进攻手段强化训练。倒勾对身体素质要求较高，技术动作的难度也较大，运动员应在进行技术练习的同时，加强专项身体素质的训练。

1. 网前无球模仿练习。队员站在网前，背对球网，沿网向外一步和两步助跑起跳完成倒勾动作，要求动作协调放松，体会动作要领。

2. 网前倒勾吊球练习。用绳把毽球吊在一长竹竿上。根据队员身高和柔韧性情况把球吊在离网约50厘米，高出球网30~40厘米处。队员通过练习认真体会击球点和击球部位、用力顺序和方法以及动作的连贯协调。

3. 网前倒勾手抛球练习。教练员站在离网1.80米的地方抛球，倒勾队员一步助跑起跳打倒勾球。认真体会助跑起跳的时机和起跳点，正确完成倒勾动作。每人练习3~5次交换。

4. 倒勾二传球的练习。一队员担任二传，接练员的手抛球二次传球到位，另一侧的进攻队员移动到网前，做倒勾二传，倒勾完后回原位轮流练习。认真体会移动后与倒勾动作的衔接，养成在动中练习的习惯。

5. 接起后上网倒勾练习。教练员站在对方场地隔网手抛球给2号位队员，2号位队员将球传给二传后，迅速移动到网前将二传手传来的球攻过网。要求首先接好球，而后再移动到网前进攻，提高多环节配合的质量。

二、里合脚背倒勾攻球

里合脚背倒勾攻球是指击球点在攻球脚异侧肩的前上方，进攻队员利用转体大腿里合，膝、踝关节的倒勾动作把球攻入对方场区的一种进攻手段。

技术动作方法：攻球对员背对球网站立，两膝微屈，判断二传来球，调整好准备姿势。助跑起跳多采用一步或原地起跳，起跳要充分，摆腿和摆臂动作要协调有力，并准备向左侧转体。起跳腾空后摆动腿膝外展，向左转体，击球腿由外向内里合摆腿，使身体产生向左旋转。击球时，膝关节快速发力，最后用踝关节的钩踢动作把球攻入对方场区。击球点应选在左肩的头上方，击球部位则在脚背内侧的脚趾根处。击球后应注意控制身体平衡。完成动作后摆动腿先落地缓冲，击球腿随后落地，马上进行下一个动作的准备。

技术动作的运用：该动作是学习凌空脚背倒勾的基础，掌握多种倒勾动作不但可变化进攻点，而且可以增强适应各种传起球的能力。里合倒勾可利用转体幅度的大小，摆腿和踝关节的动作变化，改变攻球方向，打出大小斜线和直线球，可有效避开对方的封网，增加后排防守的难度。如果能和外摆倒勾配合使用，可大大提高它的隐蔽性和突然性，达到理想的攻击效果。

练习方法：队员在掌握了外摆脚背倒勾攻球技术之后，就可增加进攻方式，学习里合脚背倒勾攻球。该技术要求队员有良好的腰腹力量和协调转体能力，所以应多做一些无球情况下的模仿练习，再做有球情况下的倒勾练习，掌握技术的效果会更好一些。

1. 踢腿动作的模仿练习。队员在学会了里合踢腿基本动作之后，按里合倒勾攻球的动作在原地模仿踢腿动作。动作方法是队员背对网站立，先自然屈膝抬左腿，而后放下变为支撑腿，右腿迅速按里合倒勾攻球动作踢腿。认真体会从右至左的踢腿动作。

2. 踢腿转体动作的模仿练习。队员背对网站立，右脚向左前方一步助跑起跳，完成无球情况下的里合倒勾攻球动作。认真体会踢腿与转体的协调动作。先可体会起跳后屈膝抬腿情况下的转体，而后逐渐加大动作幅度，直到按里合倒勾方法完成。

3. 网前倒勾吊球练习。用绳把毽球绑在一长竹竿上。根据队员身高和柔韧性情况把球吊在离网约 80 厘米，高出球网 30 ~ 40 厘米处。队员一步助跑起跳里合倒勾吊球。认真体会击球点和击球部位、用力顺序和方法，以及动作的连贯协调。

4. 网前里合倒勾手抛球练习。队员站在网前稍靠中间，教练员站在队员的左侧离网 1.80 米的地方抛球，倒勾队员一步助跑起跳打倒勾球。认真体会助跑起跳的时机和起跳点，正确完成里合倒勾动作。

5. 倒勾二传球的练习。教练员站在 1 号位把球抛给 2 号位的二传队员，进攻队员站在网前采用里合倒勾动作打二传的传球，倒勾完成后到其他队员后面轮流练习。认真体会判断二传来球，及时助跑，准确选择起跳点，正确完成空中击球动作。

三、凌空里合脚倒勾攻球

攻球前，攻球队员背对网两膝微屈做好准备姿势。二传传球后，攻球队员判断二传球离网的远近和弧度，及时采用一步或两步助跑起跳，起跳要屈膝高跳，摆动腿和手臂积极上摆，并伴有向左转体的动作。身体腾空后，摆动腿膝外展，身体后仰左转，起跳腿迅速屈膝里合上摆，踝关节自然绷直，整个空中击球过程中身体几乎平卧凌空状态。击球时，击球腿充分抬高，利用腰腹力量的转动和小腿的加速摆动，最后用踝关节有力的钩踢动作把球攻入对方场区。击球部位应在脚背的脚趾根处，击球点则在左肩外侧、头的前上方。击球后身体迅速左转，击球腿下摆，然后右脚和左脚依次缓冲着地，并注意控制身体平衡，准备完成下一个动作。

技术动作的运用：凌空倒勾的技术特点是起跳充分，击球点高，动作幅度大，所以攻击力强，是一种得分和得发球权的有效武器。如果一名倒勾攻球队员同时掌握了外摆倒勾、里合倒勾和凌空倒勾，就可在身体的左右两侧利用球网的全长发动进攻，是倒勾战术变化的有效方法之一。凌空倒勾攻球多采用高点强攻的打法结合线路的变化，突破对方的封网和后排防守。该技术难度较大，对身体素质要求较高，如果掌握不好，运用不熟练，往往容易出现失误，因此要慎重使用。

练习方法：在进攻技术中凌空脚背倒勾是一项难度较大、身体素质要求较高的技术。所以练习过程中应多做一些辅助性练习和专项身体素质练习。教练员应加强对队员的保护措施，以防出现伤害事故。

1. 垫上翻转练习。凌空倒勾在教学中的难点是身体的凌空转体动作，所以掌握凌空倒勾的第一步是身体腾空后的协调翻转能力。练习方法是在海绵垫上无球体会凌空倒勾动作，特别注意身体的翻转动作，动作幅度应由小到大，起跳高度由低到高，逐渐提高要求。

2. 踩墙翻转练习。队员离墙约 4 米面对墙站立，而后向前助跑 2～3 步，击球腿起跳，摆动腿向前伸踩墙，身体向左翻转，起跳腿里合摆动由踩墙腿的上方越过，并先落地缓冲，同时两臂控制身体平衡。练习时，可在墙边放一床海绵垫，教练员站在队员的左侧保护，防止队员受伤。

3. 网前倒勾吊球练习。根据队员情况把球吊在离网约 1 米，高出球网 30 ~ 50 厘米处，队员采用一步助跑起跳凌空倒勾吊球。认真体会击球点和击球部位、用力的顺序和方法，以及动作的连贯协调。

4. 手抛球网前凌空倒勾练习。队员站在网前稍靠左边，教练员站在队员的左侧离网约 2 米的地方抛球，倒勾队员一步助跑起跳打倒勾球。认真体会助跑起跳的时机和起跳点，以及协调完成腾空后的击球动作。

5. 倒勾二传球的练习。教练员站在 1 号位把球抛给 2 号位的二传队员，二传把球传给网前的倒勾队员，打凌空倒勾。传出的球应控制好弧度和落点，一般传出的弧度比里合倒勾稍高一点，离攻球队员的身体远一些。要求判断来球准确，助跑起跳及时，处理好人与球的距离关系，掌握空中击球过程的用力方法。

四、正面倒勾脚掌吊球

正面倒勾脚掌吊球是指进攻队员先做倒勾动作，在空中突然改变击球动作，采用脚掌拖送动作把球吊入对方场区的一种进攻手段。

技术动作方法：攻球前，攻球队员背对网两膝微屈做好准备姿势，两眼注视来球情况。当判断二传来球离身体较近，落点在头前上方附近时，常采用原地或调整一小步，保持好人与球之间的合理距离起跳。起跳动作要与脚背倒勾强攻的动作基本相似，身体腾空后突然变脚背倒勾动作为脚掌吊球。击球时，击球腿微曲上摆，逐步伸直，踝关节背曲，当摆到脚底与地面几乎呈水平时脚掌击球，运用腿后摆的拖送动作，把球吊入对方场区空当。完成空中击球动作后，击球腿自然前摆下落，摆动腿先落地缓冲，控制身体平衡。

技术动作的运用：比赛中进攻队员能熟练地运用这项技术，可较好地处理头顶附近的近网球，突破网上封堵，有目的地把球吊入空当，达到以巧取胜的效果。勾、吊动作要衔接自然，隐蔽性强，拖送吊球的弧度要平快，既能吊前场又能吊后场，落点恰到好处，只有这样才能达到出其不意、攻其不备的效果。

练习方法：在练习过程中，队员应认真体会倒勾吊球的大腿后摆拖送动作，做到动作协调、连贯，隐蔽性强。

1. 网前无球模仿练习。队员在学会了外摆倒勾动作之后，就可练习倒勾变脚掌吊球。动作方法是队员背对网站立，先原地模仿正面倒勾脚掌吊球的摆腿动作，然后联系起跳后的摆腿动作。认真体会倒勾变吊球的衔接和空中腿向后摆的拖送动作。

2. 网前自抛吊球练习。吊球队员背对网站立，右手持球，球的底面朝上，自抛球后采用正面倒勾脚掌吊球把球吊到对方场区。认真体会起跳时机和空中击球动作。

3. 二传传球的吊球练习。吊球队员背对网稍靠3号位站立，3号位的二传队员把球传到吊球队员头顶上空附近，吊球队员跳起把球吊入对方场内。反复练习，根据二传的弧度和离网的远近，选择好起跳时机和起跳点，协调完成空中击球动作。

4. 斜线吊前场的练习。教练员站在后场把球抛给二传队员，二传运用两次击球把球传给移动到网前的进攻队员，进攻队员跳起佯做强攻突破，牵制对方封网队员，而后突然变吊球动作把球斜线吊入对方场区空当。吊球时要控制好球的弧度正好从封网队员肩上飞过，击球前右肩侧对球网，动作要隐蔽突然。

5. 平推吊后场的练习。练习方法基本同练习方法（4）练习时，要求队员背对网跳起，加快摆腿速度，平推吊球到对方后场。

五、正面脚掌前踏攻球

正面脚掌前踏攻球是指进攻队员的身体面对球网，运用腿充分提起后快速正面下压的动作，以脚掌击球把球踏入对方的一种进攻手段。

技术动作方法：击球前，进攻队员两膝微屈面对球网站立，判断二传来球，一步、两步或三步助跑选择最佳支撑脚的位置，随后击球腿的踝关节自然背勾，大腿带动小腿迅速上摆到最高点，支撑腿伸直。提踵或跳起提高击球点，两臂自然上摆，身体向上伸展，控制平衡。击球时，击球腿依次利用髋、膝、踝的力量“鞭打式”下压，用脚掌1/3处击球，击球点一般保持在头前上方离身体50厘米处。远网球可展髋直腿发力踏球，近网球可屈膝小腿发力踏球，还可利用身体方向的变化打出不同线路的球。

技术动作的运用：使用中，可原地攻球，也可助跑攻球；支撑腿可起跳，也可不离开地面；击球腿可直腿摆动击球，也可小腿发力屈腿击球。踏球进攻的力度虽不如倒勾进攻，但与之相比，其优点反映在：其一，由于攻球时面对球网，所以便于观察对方的封网情况和后排防守布局，这就有利于寻找突破点和对方防守的薄弱部位；其二，在毽球比赛中，二传队员和防守队员在多数情况下都是面对球网，远网站位，因而运用脚掌前踏攻球的机会较多，如果能有效地组织多点勾踏配合，可收到理想的进攻效果，特别是二传的自传自攻和倒勾牵制情况下的拉开前踏攻球等，都具有隐蔽性、突然性强的特点。

练习方法：在学习正面脚掌前踏攻球时，一般先学会不起跳的正面前踏而后再学习跳起在空中的正面前踏；先进行无球的模仿练习，而后再进行有球的进攻练习，从而逐渐提高学习的难度。

1. 无球模仿练习。队员在学会了正踢腿动作之后，就可进行正面脚掌的前踏攻球的无球模仿练习。认真体会击球腿依次利用髋、膝踝关节的力量“鞭打式”下压动作，注意踏球动作协调放松。

2. 正面踏树叶练习。选择一棵矮树，树叶高度约在比身高高出 30 厘米，采用两步助跑“鞭打式”前踏树叶。要求动作协调、放松，逐渐提高动作速度。

3. 网前正面踏手抛球。教练员在在场地中间离网 1.5 米的地方手抛球，踏球队员采用两步助跑提踵踏球把球攻入对方场区。认真体会助跑时机，选择好支撑点，保持人与球的正常位置，正确完成空中击球动作。抛球先可离网远点，防止脚挂网，然后逐渐靠近。

4. 自传正面前踏练习。攻球队员对球网相距 1.8 米取位，自抛自传后一步助跑正面前踏攻球。认真体会自传自攻的衔接技术，传球先可高点，随着技术水平的提高逐步降低传球高度。

5. 正面前踏拉开球的练习。教练员站在 1 号位向 3 号位的二传队员手抛球，二传队员把球拉开传到 2 号位，2 号位的攻球队员采用二步或三步助跑正面前踏把球攻入对方场区。传球应控制好弧度和落点，落点一般要求离标志杆 1.4 米左右，弧度适中，不宜太冲。

六、侧身里合脚掌踏攻球

侧身里合脚掌踏攻球是指队员身体侧对球网站立，当传起的球飞到高于球网时，可采用突然转体里合摆腿动作，用脚掌击球把球攻入对方场区。

技术动作方法：击球前，身体侧对网站立，判断传起球的情况，支撑腿上步调整人与球的最佳位置，随后击球腿直腿向上里合摆动到最高点，脚自然绷直，踝关节内翻，做好击球前的准备姿势。击球时，迅速利用转身里合腿的动作，加快摆腿速度并用脚掌击球。在大腿里合摆动的同时，应加上小腿屈膝的协调动作，增大攻击的威力。击球部位应在脚掌的前 1/3 处，击球点应在头前上方靠击球腿内侧。击球后应屈膝收腿，以防触网，击球腿落地时，身体应向异侧方向转体 90～180 度。

技术动作的运用：在比赛中，特别是在防守反击过程中，网前进攻队员以及二传队员往往处在身体侧对球网的状态。这时进攻队员根据来球情况突然采用侧身里合脚掌踏球进攻，可收到攻其不备的效果，二传队员自传自攻，隐蔽性和突然性会更大。该技术在毽球比赛中运用机会不是太多，但在特定条件下也是一种有效的进攻手段，队员在训练中应加强髋关节转动幅度和转体里合摆腿的能力和协调性练习，提高该技术的攻击性。

练习方法：一般而言，先学会正面前踏技术，具备了一定的时间和空间感觉，以及有了较强的摆腿能力之后，再来学习侧身里合前踏技术较为合理，练习效果也会更好一些。

1. 对墙摆腿练习。当队员学会了里合踢腿动作后就可进行对墙摆腿练习。队员在墙边侧身站立，支撑腿向前助跑一步做侧身里合脚掌踏球摆腿动作练习，先可离墙远一些，约两米，然后逐步靠近至1.2米左右，要求摆腿的全过程脚不能接触墙面。

2. 网前无球模仿练习。队员侧身站在离网约1.2米的地方，一步或两步助跑做侧身里合脚掌踏球摆腿动作练习，注意脚不能触及球网，要求在练习过程中意念击球点和击球时机。

3. 网前踏吊球练习。根据队员情况把球放在离网约80厘米，高出球网40厘米的地方，进攻队员一步助跑踏吊球。要求队员击球部位准确，转身摆腿动作协调，保持好人与球的正确距离。

4. 自传自攻练习。队员侧身自传后一步助跑抢点把球踏入对方场区。自传球的高度应随着技术水平的提高逐步降低，自传后应及时起动，抢点快攻，加快攻球节奏。

5. 封网队员转身快速反击练习。封网队员落地后迅速向右转身后撤一步，教练员在2号位手抛球，封网队员采用侧身里合脚掌踏球抢点快速反击把球攻入对方场区。

七、头攻球

头攻球是指队员在限制线后起跳，用头前额或头发把球攻入对方场区的一种进攻手段。

技术动作方法：击球前，头攻队员站在限制线后1.5米左右的地方观察二传的传球情况，根据传球的弧度和落点不同，采用两步或三步助跑前冲起跳，在人体上升过程中，上体挺胸展腹、扭腰，向后预摆头，使身体成反弓形。击球时，利用收腹转腰来带动屈颈“狮子摆头”动作，用头发在额前如挥鞭子式的抽击动作将球攻入对方场区。落地时，一般多为单脚，也可双脚落地，但应由前脚掌过渡到全脚掌，同时顺势屈膝，以缓冲下落的力量，并立即准备做下一个动作。

技术动作的运用：头攻球技术曾经是毽球比赛中的进攻的主要手段，由于规则的修改，限制线加宽到2米之后，头攻就失去了往日的攻击威力，所以运用头攻的队员逐年减少。头攻与脚攻相比，其优点是击球点高，便于观察，线路变化多，简单易学，对下肢柔韧性没有特殊要求；其弱点是完成动作体力消耗大，攻球速度较慢，并受到限制线的制约。头攻球技术的运用主要是采取正面头攻和侧面头攻两种方法，利用收腹转腰动作和摆头幅度的大小处理各种来球，打出不同力度和线路变化的球，并可组成富有战术目的的倒勾与头攻配合。

练习方法：头攻球的用力特点是以腰部、颈部关节为主，这就要求在练习时应做好充分的准备活动。练习应遵循先原地后跳起，先正面后侧面攻球的原则，逐步提高难度。

1. 网前原地头攻自抛球练习。队员站在限制线附近面对球网，而后自己向上抛球，头攻球把球打过网。认真体会击球动作。

2. 无球助跑起跳攻球动作练习。队员侧身站在限制线后 1.5 米左右的地方，从左至右与网成 45 度角向前两步或三步助跑单脚前冲起跳，完成无球情况下的头攻动作。认真体会助跑、起跳、空中击球和落地几个互相衔接的动作，注意动作的连贯性和协调性。

3. 头攻手抛球练习。教练员站在 3 号位限制线内向 2 号位手抛球，控制好抛球的弧度和落点，落点离网约 1.2 米，头攻队员及时起动，助跑追球把球攻入对方。选择好起跳的时机和起跳点，认真体会跳到最高点后用头发鞭打击球动作。

4. 头攻二传球练习。站在 1 号位的头攻队员把球抛给 3 号位的二传队员，二传手运用两次击球拉开传球，头攻队员助跑前冲起跳把球攻入对方场区，而后返回原位轮流练习。要求头攻队员判断准确，起动及时，合理选择起跳点和起跳角度，充分前冲起跳。

第八节　封网技术

封网是指防守队员在球网附近起跳，用身体的有效部位封堵对方攻球的一项防守技术。

技术动作方法：封网前，封网队员面向球网相距 30～40 厘米站立，两膝微屈，与肩同宽，自然收腹，上体稍前倾，两臂自然垂直于体侧，目视攻球者，准备起跳封网。当对方攻球时，及时移动选择好封堵主要线路，两脚用力蹬地起跳，两臂自然下垂，夹紧防于体侧稍前，身体保持提腰收腹挺胸的迎球姿势。封网击球可根据情况采用压肩主动击球和保持迎球姿势被动击球。击球后，身体应控制平衡自然下落，双脚前脚掌先着地，并屈膝缓冲，准备完成下一个动作。

技术动作的运用：封网是防反的第一道防线，是御“敌”于外的有效手段，如果没有封网阻截进攻，后排防守就不堪一击，所以封网技术运用的正确与否无疑是很重要的。封网技术动作结构简单，变化不大，但要想提高封网的成功率，适应各种不同变化的攻球，它又是一项复杂技术。封网成败的关键是准确的判断，例如对封网的移动、起跳点和时机、夹臂挺胸的方向、发力压肩的时机需要综合判断；对对方每个轮次的打法，攻球队员线路变化特点需要分析、判断；对二传的弧度和落点、攻球队员助跑的路线、起跳时机的早晚、起跳后人与球之间的关系，以及击球腿的摆动动作的确定也需要精确的判断，只有这样才能决定封网的主要区域和空中击球动作。常用的封网技术运用方法有：当对方不擅变线、凶猛高点强攻时，应高跳准确封住主要线路，把球封回；当对方巧攻善变时，可采取站之封斜、站中堵边等取位的变化，以及空中身体的变化迷惑对方，诱骗对方上当；如识破对方轻吊，封网队员可轻跳或不跳，把对方轻吊过来的球防起组织反击。

练习方法：封网动作较为简单，但是要做到移动中封网、封网后的自我保护、起球到位却有一定难度，所以，应加强移动中封网练习和封网落地后的起练习，提高封网的运用能力。

1. 原地封网练习。封网队员站在网前，离网 30～40 厘米，原地跳起封网。认真体会封网动作，控制好身体平衡，不要触网犯规。

2. 站在网的一侧向另一侧移动封网练习。队员站在左侧或右侧用并步或交叉步起跳封网，每组练习 3 次，而后排队轮流练习。认真体会移动后的制动和空中击球动作。

3. 向两边移动的封网练习。队员向网前移动封网一次，马上向右移动封网一次，下一名队员向左移动封网，反复交叉练习。

4. 封 3 号位手攻球练习。教练员站在 3 号位自抛手攻球，封网队员及时跳起把球封回对方。认真体会空中压肩和捂盖动作，当球被封起时应及时自我保护起球。

5. 二对二攻封对抗练习。教练员站在后场 1 号位把球抛给 3 号位的二传队员，二传把球传给网前的倒勾队员进攻，对方单人封网，每边两人轮流练习，练习 30 个球为一组，两边队员交换练习，计算成功率。

第三章　毽球战术的教学与训练

毽球比赛，从发球开始双方就无时无刻不在巧妙地运用和交换各种战术行动，有力地攻击对方，争取比赛的主动权，这就使得比赛情况跌宕起伏，千变万化。所谓毽球的战术是指运动员在比赛中根据毽球运动的规则，彼我双方的具体情况和临场的发展变化，正确地分配力量，合理地运用技术及采取有组织、有目的、有预见性的协调配合行动。它是一种有利于发挥己队所长，限制对方正常发挥，克彼制胜的比赛艺术。

一、阵容配备、交换位置及信号联系

1. 阵容配备

阵容配备是合理使用本队队员的一种组织形式，其目的在于把全队力量有效地组织起来，最大限度地发挥每个队员的特长和作用。根据各队的具体情况，阵容的配备归纳起来有五种形式。

“主攻型”配备：当一个队上场队员的进攻能力悬殊较大，二传队员和另一队员攻击力较差时采用。即安排一名主攻队员、一名二传队员和一名防守队员。其优点是能充分发挥主攻队员的进攻威力，场上队员分工明确，配合简单。在一个队的成长过程中，往往不可能拥有多名能攻善守、能传能攻的队员，在这种情况下，教练员往往挑选防守和二传能力较强的队员上场，以增加整体实力。其弱点是一点进攻，战术变化少，易被对方适应并有效地组织封堵和防守，另外主攻队员在比赛中频繁进攻，体力消耗太大，会直接影响进攻的威力。所以应注意对主攻队员体力的调节，减少主攻队员接起和防起等方面的负担，其他队员也适当参加助攻。

“二传助攻型”配备：二传队员进攻能力较强时采用。即安排一名主攻队员、一名二传助攻队员和一名防守队员。这种配备的优点是二传队员脚攻突然，隐蔽性强，进攻效果较为理想，同时还可牵制对方的封堵队员，为主攻队员减轻压力。所以，如果二传助攻与主攻队员能巧妙结合，交错进行，可使对方防不胜防，弥补“主攻型”配备的弱点。

“头、脚并用型”配备：当队里拥有出色的脚攻队员和头攻队员时采用。即配备一名脚攻队员、一名头攻队员和一名二传队员。一般而言，应把头攻队员安排在后排1号位，这样便于他助跑攻球，这就要求头攻队员不但进攻能力强，而且也是一名出色的后排防守队员。这种配备的优点是把网前的近网脚攻与后排的远网头攻有机结合，形成立体进攻；把两种不同性能、不同节奏的攻球技术融为一体，丰富了战术变化。

“无二传”的配备：当队里缺少二传队员，或完全使用一次传球进攻和自传进攻时采用。一般而言，应在2号位和3号位各配备一名脚攻队员，1号位配备一名防守起球队员。这种配备的特点是进攻节奏较快，配合环节少，均为二人次发动进攻，配合简捷，但战术变化少，无法组织整体配合。

“全攻全守型”配备：当场上的3名队员都具备全面的攻、防、传技术，基本功扎实，战术意识强时采用。这种配备兼顾了以上四种配备的优点，形成了三点进攻的全攻全守型打法。这种配备不但能完成基础配合，而且能组织整体配合，是高水平运动队发展的方向。在配合中要求二传队员传球标准高，应变能力强，同时具有较强的助攻能力；而另外两名队员应分别熟练掌握倒勾、前踏以及头攻、里合快抹等进攻技术，使之达到脚攻与头攻结合，前踏与倒勾结合，各种进攻组织形式并存，攻守完备的境地。

组织阵容配备时，进攻队员、防守队员和二传队员应分别安排在对称的位置上。以防守为主的队员应站在1号位，以头攻和前踏进攻为主的队员一般也应安排在1号位，倒勾队员应安排在2号位，二传队员则站在3号位。在满足了整体战术需要的前提下，应充分照顾每个队员的习惯和特点，把那些平时合作默契的攻、传、防队员安排在相邻的和习惯的位置上，以便更好地组织战术配合，发挥各自的特长。选择阵容配备还要考虑本队准备形成一个什么样的风格，把未来的发展方向充分体现出来。在考虑场上主力阵容配备的同时，也应注意到替补队员的合理使用，特别是有发展前途的队员要尽早在主力阵容中培养。

2. 交换位置

为了最大限度地发挥每个队员的特长，调动一切积极因素，加强攻防力量，以及弥补由于队员身体、技术发展不平衡所带来的缺陷，在规则允许的条件下（当发球队员击球之后，双方可以在本方场区内任意交换位置），常采用交替位置的方法来调整。

二传队员的换位：当二传队员轮转到不在二传位置上时，可利用换位的方法调整到二传的位置。当二传在1号位时，可插上到3号位组织进攻；当二传在2号位时，可平行移动换位；在对方发球的情况下可让二传队员不接球；在本方发球的情况下，可在发球后迅速换位。

封网队员的换位封网是防守的第一道防线，是网上争夺的焦点，应把封网能力强的队员安排在网前。实际上封堵队员都是由二传和网前的脚攻队员承担，这样有利于反击战术的组织。

防守队员的换位在比赛中主要担负防守任务的队员应换到后排1号位。1号位队员不但承担防守后排的任务，而且还要防守中前场的球。另外，1号位位于2、3号位之间，可以左右兼顾，所以是防守任务最重要的位置。

倒勾队员的换位：一般情况下，应把倒勾队员换到网前他认为较为习惯的进攻位置上，这样可缩短进攻时的移动距离，以及发动快节奏的倒勾，同时也与二传队员保持了较好的对应关系，便于二传组织进攻。

头攻和前踏的换位：头攻队员换到1号位，其目的是有利于头攻队员大幅度助跑，前冲起跳攻球。前踏时面对球网进攻，队员移动的距离短，换到1号位的目的是可在后排防守的同时，以及上前参加进攻，有较强的隐蔽性。

换位前应按规则的要求站位，防止“位置换错”犯规。当对方发球时，换位队员不要过早和盲目换位，以免造成接起的失误或影响其他队员的动作。当发球队员击球后再迅速换到预定位置，做好完成下一个动作的准备。在两人换位时，另一名队员应观察对方的动向，注意补位，防止换位时出现相互不管的漏洞。当球成死球后，换位队员应立即各返原位，不让对方有可趁之机，特别是在对方掌握发球权的情况下更应回位及时。

3. 信号联系

技术的合理运用和战术娴熟默契的配合，必须具有完善的信号联系；没有完善的信号系统来统一每位队员的行动，就不可能实现预定的战术意图，获得理想的进攻效果，就有可能造成配合中的失误。队员之间选择何种信号联系是根据本队的战术要求、队员的性格习惯，经全队统一，在长期的训练中形成的。因而，各队都有自己特殊的联系方式和信号。信号联系的方式归纳起来有以下五种：

语言信号联系：指队员直接利用简明、扼要、准确、自信、肯定的语言，及时提醒队员和明确战术配合的联系方式在比赛中，队员不说话，打“闷球”，这场球就肯定打不出应有的水平，这说明队员们之间不能“封闭”，应互通信息才能打好球。其弱点是容易暴露本队的战术意图，所以，运用时要注意语言的隐蔽性，做到真真假假，虚实结合，让对方难以捉摸。

动作信号联系：就是在发球以前或比赛过程中，采用头、手、眼等动作，按预先统一的暗号向同伴联络的方式。对动作信号联系的要求是动作简单明了，迅速准确，时机恰当，不出现错误动作，尽量避免让对方窥见或识破。

落点信号联系：这是一种根据来球和起球的不同落点来决定战术配合的联络方式。它要求全队具有默契的配合、良好的战术意识和随机应变的能力。其优点是可根据具体情况确定何种位置最有利于组成何种战术，使全队的战术变化处于自然的联系之中，有利于战术配合的形成和提高战术效果的作用，应在平时训练中反复强化。例如，起球到什么位置，打什么战术；发球的落点在什么区域，采取什么进攻战术组织形式等，都应预先规定好。

击球次数联系：这是一种根据接起和防起时，是一次击球还是两次击球来确定进攻战术的节奏和打法的联系方式。因为起球的次数直接影响起球的节奏和稳定性，同时也影响二传和进攻队员的击球次数，所以，在训练中各队在组织不同的战术配合时，对起球次数也有相应的规定。

站位联系：在临场比赛中，二传组织何种战术往往是根据进攻队员移动后所站的位置以及身体的姿势来确定。当进攻队员跑到了理想的进攻位置或预定的进攻位置时，往往进攻欲望强烈，自信心足，成功的可能性较大，这时传球队员应根据具体情况，巧妙传球。例如，脚攻队员背对球网站立，可组织各种倒勾；脚攻队员面对球网站立，可组织各种前踏进攻；当头球队员站在后场时，可以把球传得近网一些，充分利用前冲起跳进攻；当头攻队员站在中场靠边线时，可把球传得远网一些，利用平行球网助跑侧面头攻的方式进攻等。

在实际比赛中，以上五种联系方式不是独立的，而是综合起来利用互为补充的，只有这样才能适应临场比赛变化莫测、错综复杂的需要。熟练地、综合地利用各种信号联系，是衡量一个队战术配合默契程度的重要标志。

二、进攻战术的组织形式

毽球比赛从发球开始，双方就无时无刻不在巧妙地运用和变换进攻技术，有力地攻击对方，争取比赛的主动权，这就使得比赛情况千变万化。无论何种变化，进攻和防守都有各自完整有序的系统，有一定的规律。从来球情况看，不外乎有以下四种情况，即发过来的球，攻过来的球，封过来的球，处理过来的球。那么，如何接起和防起这些来球，并组织进攻也有其进攻战术的组织形式，即二传组织进攻，一次传组织进攻，自传自攻和抢攻四种形式。合理运用这四种组织形式可以组成各种各样、丰富多彩的战术变化。

1. 二传组织进攻形式

二传组织进攻形式是指接起或防起到位后，由二传队员把球传给进攻队员进攻的组织形式。

该进攻形式必须经 3 人次击球，并有 1 名主要二传队员担任传球，表现出节奏较慢、分工明确、便于组织、指挥集中、战术灵活的特点。该战术形式能较好地组织各种脚背攻球、脚掌攻球、头攻球战术的基本配合和整体配合，并能充分发挥主攻队员的作用，所以被不同训练水平的队广为运用，成为毽球进攻战术的基本组织形式。

根据该进攻形式的特点，一般在下列情况中运用：一个队只有一名较好的二传队员，为了保证组织进攻的成功率时；一个队只有一名较好的攻球队员，为了放慢节奏让主攻队员准备更加充分时；根据比赛需要，应以求稳为主，保证进攻配合质量时。

该进攻形式要求二传队员不但要具备二次击球传球的能力，还应具备一次击球传球的能力；不但要适应不同方向、弧度、落点的接起和防起，还应根据战术的需要传出不同标准的球，以满足进攻战术的要求。二传队员第一次击球应注意控制好弧度和节奏，确保进攻队员移动到位，并调整好自己与进攻队员之间的距离和角度，保证传球的准确性和弧度的控制；如果对方来球速度较快，难度较大，无法一次起球到位，则可采用两次起球到位，但对球的弧度和落点要求更高一些。随着训练水平的提高，二传队员应成为一名出色的助攻队员，如果能与一次传进攻和自传自攻组织形式结合起来使用，不但增加了攻击点，吸引了封网队员注意力，而且还大大增加了对方封网和后排防守的难度。下面对配合方法加以介绍。

（1）2 号主攻队员倒勾的配合。1 号队员一次接起到到位。2 号队员移动到网前倒勾，3 号队员担任二传把球传给 2 号队员进攻，1 号队员起球后，移动到限制区内保护。

（2）倒勾与正面踏球进攻的整体配合。1 号队员一次接起到位，2 号队员迅速移动到网前准备倒勾，1 号队员起球后向 2 号位移动，准备打拉开踏球进攻，3 号队员根据战术需要传集中的倒勾球和拉开球。

2. 一次传组织进攻形式

一次传组织进攻形式是指某一起球队员充分利用两次击球的机会，第一次起球自我调整后，在把球直接传给进攻队员进攻的组织形式。

该战术形式只需 2 人次 3 次击球过网，减少二传环节，缩短了组织进攻的时间，所以突然、隐蔽、节奏快，经常被用做突然进攻和快速反击的有效武器。

运用的时机一般是在对方的来球落在中、前场，担任二传的队员起球时；二传队员突然助攻时；对方由攻转守来不及站位，打快速反击时；对方来球平稳，一次传有把握时。

为了体现该战术形式的突然性，这就要求进攻队员要有充分的思想准备，肯定自己没有起球任务后应移动迅速，取位正确，封网队员要及时转身，站好位置，准备进攻。一次传队员应通过第一次和第二次击球的弧度和落点来调整节奏，主动与进攻队员配合。如进攻队员的位置还没有完全站好，传球的弧度可以高一些；如果准备充分，可以传出小弧度和平快球，加快进攻节奏。整个配合要求稳妥准确、快而不乱、随机应变、恰到好处。

下面介绍几种配合方法：

（1）二传队员突然助攻。当对方发球到 2 号位中前场，难度不大时，2 号队员运用二次击球，突然一次传给 3 号位的二传队员 3 号，二传队员 3 号正面脚背踏球把球攻入对方场内。

(2) 二传队员直接一次传组织进攻。当对方发球到3号位中、前场，难度不大时，3号位的二传队员运用2次击球机会直接组织进攻，2号队员判断自己没有起球任务后应及时移动到网前倒勾进攻，1号队员迅速移动到限制区内保护。

3. 自传自攻组织形式

自传自攻组织形式是指接起和防起到位后，进攻队员合理运用二次击球机会，自己把球传到所需位置，自己把球攻入对方场区的形式。

该战术形式只需2人次4次或2人次3次击球过网，并且减少了他人传球环节，这样一方面缩短了传球和攻球的衔接时间，加快了进攻节奏；另一方面自传自攻，传攻一体，不但便于组织，而且隐蔽性较强。

一般多在下列情况中运用，二传队员突然自传自攻；传球不到位，倒勾队员自传自攻；防守中前场球自传自攻；对方起球失误、球过网、吊球或处理球过网落在网前，攻球队员自传自攻。

自传自攻队员必须连续完成两个动作，自传质量的好坏直接影响自攻的效果，所以要求队员技术全面。另外应注意动作的隐蔽性，有传有攻，虚实结合，才能达到更好的效果。下面介绍自传自攻的方法。

(1) 二传队员自传自攻。2号队员接起给3号二传队员，二传队员自传网前高球，突然上步抬腿正面脚掌踏球，把球攻入对方场内。

(2) 倒勾队员自传调整后自攻。3号队员一次传组织因传球离网太远，上网准备倒勾的2号队员做一倒勾假动作干扰对方然后自传自攻。

4. 抢攻组织形式

当对方传起、防起或接起用力过大，球直接飞过球网时，网前运动员直接抢攻，把球反击回对方场区的进攻组织形式。它要求队员判断准确，移动及时，反击果断迅速。在比赛中，抢攻的机会常常出现，各队应把它作为快速反击训练的组成部分。

任何一种进攻战术组织形式都不可能解决比赛中出现的全部问题。各队应根据自己的特点和训练水平，以一种进攻形式为主（一般以二传组织形式为主），尽量综合其他多种形式，穿插起来，灵活运用，以适应比赛中瞬息万变的复杂情况。

三、进攻战术的基本配合

所谓基本配合是指在组织战术的过程中只考虑一个点进攻的简单配合，它是整体配合的基础。比赛中，基本配合与整体配合往往是交替使用，随着训练水平的提高，整体配合所占的比重愈来愈大。

毽球有多种进攻方式和不同的进攻战术组织形式，也就派生出多种进攻战术基本配合。各队应结合本队的实际，认真筛选，精心设计，灵活运用，逐渐形成自己的进攻风格和特长。

1. 脚背倒勾的基本配合

脚背倒勾有外摆倒勾、里合倒勾和凌空倒勾等进攻手段。进攻时的共同特点是身体背向或侧向球网站位，因此在配合方法和要求方法上都非常近似。但必须明确指出，这几种不同的进攻手段，必须进行专门的战术配合训练（例如，外摆倒勾要拉开传球，球的落点在身体右侧；里合倒勾和凌空倒勾则要求传球的落点在身体的左侧）。

2. 配合方法介绍

（1）2号队员的外摆倒勾配合。当1号队员起球到位后，3号二传队员把球传给移动到网前的2号队员外摆倒勾进攻。

（2）1号队员的外摆倒勾配合。当对方发球给2号队员时，2号队员一次起球到位，3号二传队员传球给迅速移动到网前的1号进攻队员倒勾。

（3）封网队员里合倒勾的配合。在防反中，当3号队员两次击球防起，落点又在2号队员体前时，担任辅助二传任务的2号队员可把球传给完全封网落地后转身准备倒勾的队员里合倒勾进攻。

（4）3号队员一次传的外摆倒勾配合。当对方把球吊给3号队员，如果第一次击球调整较好时，封网队员可以迅速转身移到外摆倒勾最佳位置打一次传倒勾进攻，1号队员移动到网前保护。

（5）3号队员一次传外摆倒勾的配合。当对方把球发给或推攻给3号队员时，2号队员可迅速移动到网前打一次传倒勾进攻，1号队员移动到网前保护。

（6）2号队员自传倒勾的配合。当对方来球落在3号队员附近时，2号队员迅速移动到网前外摆倒勾的位置，如3号队员传球不到位或战术需要，2号队员可自传进攻，改变进攻的节奏。

第四章　毽球比赛规则

第一节　比赛项目、场地、设备与器材

第一条　比赛项目：

毽球比赛本身共设有七个项目，分别是：男、女团体（三人制），男、女单人，男、女双人，男女混合双人比赛。而民运会中毽球比赛只设有：男、女团体（三人制），男女混合双人比赛三个项目。

第二条　场地：

1. 团体、双人和混合双人赛的赛场场地长 11.88 米，宽 6.10 米。如下图：

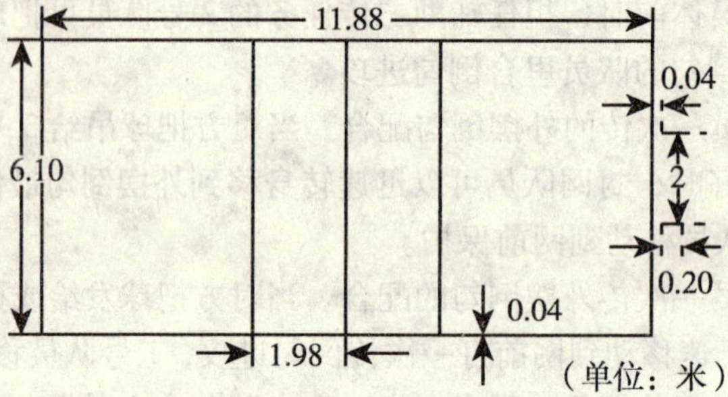

图 1 –4 –1

2. 单人比赛场地长 11.88 米，宽 5.18 米。限制线以后的场区是单打比赛中双方发球的有效区。

3. 场地上空 6 米内（由地面计算）和场地四周 2 米内不得有障碍物。

第三条　球网：球网、标志杆等数值示意图如下：

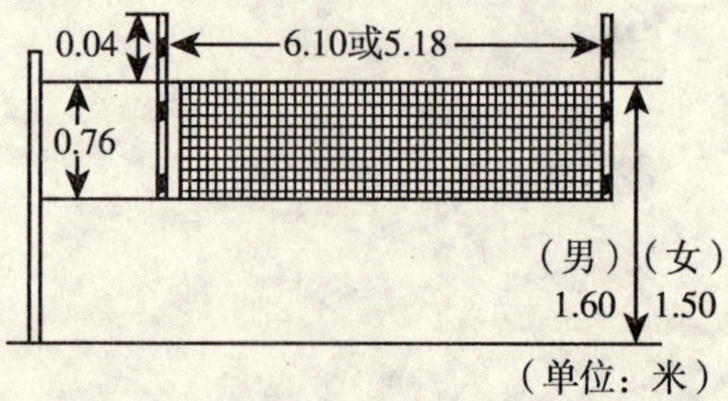

图 1 –4 –2

第四条　毽球：高度为 13 ~15 厘米。重量为 13 克（±0.5 克）。

第二节　比赛规则

第一条　比赛局数、得分、场区选择

第一款　各项比赛采用三局两胜每球得分制，团体赛每局 21 分，其他各项每局 15 分。

第二款　比赛前抽签获胜的一方选择一个场区或另一个场区；发球或接发球。第一局结束后双方交换场区和发球。

第三款　决胜局开始前，正裁判员召集双方队长重新选择场区或发球。决胜局比赛中，任何一队先得 10 分（团体赛）或 8 分时两队应交换场区。交换时，不得进行场外指导。交换场区后，双方队员的轮转位置不得变换。经记录员查对后，由原发球队队员继续发球。如未及时交换场区，一旦裁判员或任何一方发现时，应立即交换，比分不变。

第二条　暂停与公共暂停

第一款　比赛成死球时，教练员或场上队长可以向裁判员请求暂停。

第二款　暂停时，教练员可以在场外进行指导，但场上队员不得出场，不得与场外其他任何人讲话，场外人员也不得进入场内。

第三款　每局比赛中，可以请求两次暂停，每次暂停时间不得超过 30 秒钟。某队在一局中请求第三次暂停，应判该队违例并失 1 分。一局内，某方的暂停次数不得移至另一局使用。

第四款　单人比赛任何一方先得 8 分时，增加一次 30 秒的公共暂停，允许双方队员在场内休息，但不准场外指导。公共暂停不记录在双方暂停次数内。

第三条　换人

第一款　团体赛允许换人。比赛成死球时，教练员或场上队长可以向裁判员请求换人。换人时，场外人员不得向场内队员进行指导，场内队员也不得离开场地。

第二款　每队每局换人不得超过三人次。

第三款　替补队员上场前，应在记录台附近做好准备，换人时不得超过 15 秒钟，否则判该队一次暂停。如该队在该局已暂停过两次，则判该队失 1 分。

第四款　教练员或场上队长请求换人时，应向裁判员报告下场和上场队员的号码。

第五款　比赛中因故被取消比赛资格的队员，不能继续参加该场比赛，可由替补队员替换。如某队在该局已换人三人次，或场外无人替换时，则判某队为负局。

第四条 局间间隙

一局比赛结束，下局比赛开始前，中间最多可有2分钟供两队交换场区、换人和记录员登记号码，双方教练员在不影响上述工作进行的情况下，可进行场外指导。

第五条 发球与接发球

第一款 发球。

1. 各项比赛的发球队员须在本方发球区内，用手持球，将球抛起，用脚将球从网上踢入对方场区，使比赛进行。发球队员必须在发球区内发球，在球发出去后才能进入场区。

2. 团体赛发球时，2、3号位队员不得有任何掩护动作，否则，判由对方得1分。

3. 比赛各局若出现20或14平，执行轮换发球法，即每方轮发1分球。

第二款 单人赛接发球有效区。

单人赛每次发球均应落在单人赛接发球有效区内，否则判发球方失1分。

第三款 发球失误。

发生下列情况之一时，即判发球失误并失1分：

1. 队员发球时，踏及端线或发球区线及其延长线；
2. 球未过网或触及标志杆；
3. 球从网下穿过；
4. 球从标志杆及其延长线以外过网；
5. 球触及任何障碍物，或在进入对方场区前触及本队队员；
6. 球落在界外；
7. 发球延误时间超过5秒钟；
8. 裁判员鸣哨后球坠落在地上。

第四款 重发球。

发生下列情况之一时，须重发球：

1. 比赛进行中，球挂在网上（最后一次击球挂网除外）；
2. 比赛进行中，毽毛和毽垫在飞行时脱离；
3. 裁判员鸣哨之前发球；
4. 比赛进行中，其他人或物品进入场区。

第五款 团体赛发球次序错误。

1. 未按照记分表上登记的发球次序进行发球，叫做发球次序错误。

2. 发球队员击球的一刹那，裁判员发现该队发球次序错误，则判该队失分，并恢复正确位置。如犯规队已经得分，取消该队因该次发球次序错误所得的分数。

第六款　团体赛接发球的位置错误。

1. 接发球方队员的位置

① 2、3 号位队员至少有一只脚的一部分比 1 号位队员的双脚距中线更近。

② 2、3 号位队员至少有一只脚的一部分比 1 号位队员的双脚距左（右）边线更近。

2. 对位置错误的判罚

①判位置错误方失 1 分。

②队员恢复到正确位置。

第七款　拦击发球。

发球时，当球的整体高于球网的上沿，接发球方在限制区内完成进攻性击球为拦击发球犯规。

第六条　团体赛的轮转顺序

第一款　某队取得发球权时，先按顺时针方向轮转一个位置，然后由轮转到 1 号位的队员发球。

第二款　新的一局开始前，可以变换本队队员的轮转顺序，并填好位置表交给记录员。

第三款　每局比赛结束之前，队员的轮转顺序不得调换。

第七条　比赛进行中的击球与附加动作

第一款　团体赛每队在将球踢入对方场区前，在本方场区最多只能有三人次共击球四次，双人、混合双人赛为三人次、三次击球过网，单人赛为二次击球过网。

第二款　一人次是指某队员触球次数，每名队员可触球一次，也可以连续触球两次。

第三款　不得用手、臂触球，但防守队员在手臂自然下垂的前提下拦网时的手球不判违例。

第四款　球不得明显地停留在队员身体的任何部位。

第五款　违反第七条第一至第四款均为违例，判由对方得 1 分。

第八条　触网球

比赛进行中球触及两标志杆以内的球网为好球，球触及标志杆为失误。

第九条　触网

第一款　比赛进行中，队员身体任何部位触及两标志杆以内的球网，均为触网违例。

第二款　队员击球后，触及标志杆或标志杆以外的球网、网柱、网绳或其他物体，不判违例。

第十条 进入对方场区和空间

第一款 过网击球为犯规。

第二款 比赛进行中，身体任何部位不得从网上标志杆以内区域进入对方场区的空间。

第三款 队员若用头攻球时，必须在限制线以外起跳，落地时两脚可落在限制线内。防守队员在限制区内，拦网时头部无意识触球过网不判违例。

第四款 比赛进行中，除脚以外，身体任何部位不得触及中线。脚不得完全越过中线。

第十一条 死球与中断比赛

第一款 球触地及违例为死球。

第二款 中断比赛：其他人或物品进入比赛场区；更换损坏的器材；运动员发生意外事故等。发生以上情况，裁判员应鸣哨，中断比赛。上述情况终结即鸣哨恢复比赛。

第十二条 计胜方法

第一款 各项比赛先得 21 分（团体赛）或 15 分的队为胜一局；如比分是 20 平或 14 平时，比赛应继续进行，直至某队领先 2 分，方为取胜一局。

第二款 某局出现 20 或 14 平时则实行轮换发球法，即首先由有发球权一方发球，无论得、失分后，均由对方发球，依此类推，直至某队领先 2 分结束比赛。

第十三条 判定和申诉

第一款 一场比赛中，正裁判员的判定是最终判决。

第二款 只有场上队长可以对裁判员的判罚当场提出询问或要求解释，正裁判应及时给予解释。如有疑议，必须服从裁判，但要求记录在案，并迅速恢复比赛。

第三款 比赛时必须服从裁判员的判决。对裁判员的判罚有争议，比赛结束后 30 分钟可向仲裁委员会提出书面申诉，同时交纳申诉费 500 元。若获胜，申诉费如数退还；若败诉，则不退申诉费。

第四款 无正当理由迟到 15 分钟为弃权，无故停止比赛 5 分钟为弃权。

第二篇　珍珠球运动

第一章　珍珠球运动概述

第一节　珍珠球运动简介

珍珠球比赛是一项对抗性比较强的集体竞赛项目。珍珠球运动形式与篮球和手球有很多相似之处，但其得分方式和防守不完全同于篮球和手球。

1. 珍珠球的得分目标是不固定的，是在移动中的，而篮球和手球的篮和门都是固定的。在珍珠球比赛当中，如果掷球偏离目标，抄手在一定范围可弥补，将球抄入网内，因此加大了防守难度，防守者要保持在水区进攻队员和抄手之间比较困难。

2. 在水区活动的运动员只有 4 名，这样对于每个一个运动员来说加大了其活动的范围，运动员需要进行大范围的跑动、穿插以及传、接球和运球的熟练运用，因此对运动员的体能和个人技术提出了更高的要求。

3. 由于珍珠球得分目标的不固定，要求水区和得分区的运动员要默契配合，同时得分区的运动员要有良好的移动、摆脱、占位和抄球的能力，视野要开阔，既要完成同水区队员的战术配合，同时还要摆脱对方的防守。

4. 篮球和手球的防守只是对进攻者防守、针对球，而珍珠球不仅有对进攻者和球的防守，对于球要达到的目标抄网也增设了防守，形成了双重防守阵容，因此水区和得分区的运动员要摆脱双重防守。

第二节　珍珠球运动的起源与发展

“珍珠球”是满族的传统体育项目，现已列为我国民族传统体育运动会的正式比赛项目。满族是历史悠久、源远流长的民族，可以追溯到两千多年前的肃慎人。16 世纪至 19 世纪末，满族在中国历史上占有重要地位，为祖国的统一和促进各民族之间的经济、文化交流及发展，做出了重要的贡献，出现了历史上罕见的“康乾盛世”。白山黑水的东北地区是满族人民最早居住的地方，当时他们以狩猎和猎鱼为生，同时采珍珠也是古代满族传统生产方式，佩戴珍珠是古代满族人的习俗。满族人在漫长的发展岁月中，通过这些生产劳动和生活方式，积累了丰富的有益于身心健康的各种体育活动。

劳动之余，满族人在陆地上以体育游戏的方式模仿在水中捞取珍珠的情形，满足自己的娱乐需要，创造了采珍珠游戏。随着满族迁入辽沈，后来满族人民分居于北京、河北、内蒙古、新疆等地，这项游戏也带到与汉族和其他少数民族杂居的地方。

珍珠球也叫采珍珠，这项运动是模仿满族采珠人的劳动，逐渐演变而成的。最初只是一种游戏。在松花江、牡丹江及嫩江一带开展比较普遍。游戏丰富了采珠人的文化生活，促进了他们的身心健康，提高了采珠人的生产技能。采珍珠满语叫“尼楚赫”，在吉林运志中对采珠人的劳动情景是这样描述的：

园流育蚌清且沦，元珠素出东海滨。
旗丁泅采世其业，授餐支饷居虞村。
我来各欲献其技，水寒冻肌非所论。
赐酒向火令一试，精神勇跃超常伦。
秋江川湄澄见底，方诸月映光在新。
威乎荡桨向深处，长绳投石牵船唇。
入水取蚌载以至，剖划片片光如银。
三色七采亦时有，百难获一称奇珍。
命罢旋教行赏赉，不览安识真艰辛。
世仆执役非蚤户，元禛河关譬海神。

珍珠球运动作为一项民族传统体育项目在民间流传，已有300多年的历史。它真实地再现了古代满族人在东北的江河、湖海中采珍珠的劳动情景。最早开展的珍珠球运动场地分水区、蛤蚌区、威呼区（“威呼”满语是船的意思）。在水区的队员手持珍珠球，可向任何方向传、接、投、拍、滚、运球，力争将珍珠球投进本队威呼区（也叫得分区）；蛤蚌区（也叫封锁区）内的队员手持蛤蚌拍阻挡和夹住对方水区队员投、滚来的球，并将球传给本方水区队员；威呼区队员手持抄网一个，在威呼区内采本方和对方投来的珍珠，在规定的时间内得分多的队为胜队。

珍珠球运动在1984年由北京市民族传统体育协会挖掘整理，先在北京新源里中学进行开展。后经北京市民族传统体育协会进一步整理，列入北京市第一、二、三界民族传统体育运动会的比赛项目。在新疆维吾尔自治区举行的第三界全国少数民族传统体育运动会上，北京队进行了珍珠球表演赛，受到观众的热烈欢迎和专家的好评，同时北京市受六省市委托举办了珍珠球比赛。在1991年第四界全国少数民族运动会列入全国少数民族运动会正式比赛项目。

第二章　珍珠球技术的教学与训练

珍珠球技术是珍珠球比赛中为了一定目的而运用的专门动作方法的总称，也是珍珠球运动进攻和防守动作体系的总和。它们是珍珠球比赛的基础。

对珍珠球技术进行分类，为的是系统地、科学地组织珍珠球技术的教学与训练，深入地研究各类技术动作的作用、结构特点及其运用，并在此基础上，探讨技术动作之间和技术与战术的关系，从而促进珍珠球技术的发展。珍珠球技术根据它在比赛中的目的、任务分为进攻技术和防守技术。

一、珍珠球进攻技术

1. 水区进攻技术包括移动技术、传接球技术、投球技术、持球突破技术。
2. 得分区进攻技术包括移动技术、抄网得分技术。

二、防守技术

1. 水区防守技术包括移动技术、防守对手技术、抢球技术、打球技术、断球技术。
2. 封锁区防守技术包括移动技术、持拍封锁技术。

第一节　水区进攻技术

一、移动技术

移动是珍珠球比赛中队员为了改变位置、方向、速度和争取高度等所采用的各种脚步动作方法的通称。

移动是珍珠球技术的基础，它和掌握与运用进攻或防守技术有着密切的关系。在进攻中运用移动的目的，是为了选择位置，摆脱防守，便于接球、传球、投球、运球、持球突破、抄网得分等技术的运用。在防守中运用移动的目的是为了保持或抢占有利位置、堵截对手、防止摆脱、追防、协防或是及时而果断地进行抢、打、断球及持拍封锁等。

（一）起动

起动是队员在球场上由静止状态变为运动状态的一种动作，是获得位移初速度的方法。进攻时，突然快速地起动，是摆脱防守的有效手段之一。防守时，突然快速地起动，可以抢占有利位置，看住对手。

动作方法：从基本站立姿势开始，突然起动时以后脚（向侧起动时，以异侧脚）的前掌，短促有力地蹬地，同时上体速度前倾或侧转，向跑的方向移动重心，手臂协调地摆动，充分利用蹬地的反作用力，迅速向跑的方向迈出。起动后的前两三步，两脚的前脚掌要短促用力蹬地，并配合以快速的摆臂动作，使之在最短的时间内充分发挥速度。在比赛中，起动多与跑结合运用，但有时为了抢占有利位置，移动是用上步、撤步、跳起、转身等动作完成的。

（二）跑

跑是为了完成攻守任务而争取时间的脚步动作，比赛中经常运用的跑有以下几种：

1. 变速跑：变速跑是队员在跑动中利用速度变化完成攻守任务的一种方法。由慢跑变快跑时，上体前倾，用前脚掌短促有力地向后蹬地，同时迅速摆臂，前两三步要小，并加快跑的频率。由快跑变慢跑时，上体抬起，步幅加大，用前脚掌抵地，减缓冲力，从而降低跑速。

2. 变向跑：变向跑是队员在跑动中利用方向的变化完成攻守任务的一种方法。从右向左变向时，最后一步用右脚前脚掌内侧用力蹬地，同时脚尖稍加内扣，迅速屈膝，腰部随之左转，上体向左前倾，移动重心，左脚向左前方跨出，然后加速前进。

3. 侧身跑：向前跑时，脚尖对准跑动方向，头和上体转向球的方向，以便观察场上情况。

4. 后退跑：后退跑时，用两脚的前脚掌交替蹬地向后跑动，同时上体放松挺直，两臂屈肘配合摆动，保持身体平衡，两眼平视，观察场上情况。

（三）跳

跳是队员在球场上争取高度或远度的一种动作方法。珍珠球比赛中，有很多技术动作需要队员在空中去完成。队员要学会单、双脚起跳，能在原地、跑动中和对抗条件下向不同方向跳、连续跳等；并要求跳得高快，滞空时间长，更好地在空中完成各种攻守动作。

1. 单脚起跳：起跳时，踏跳腿微屈前送，脚跟先着地，并迅速屈膝过渡到前脚掌用力蹬地，同时提腰摆臂。另一脚提膝积极上抬，借以帮助重心上移。当身体上升到最高点时，摆动腿放膝向下与起跳腿自然合并，使腾空动作协调。落地时，双脚要注意分开并屈膝缓冲，便于迅速完成其他动作。单脚起跳多在助跑情况下运用。

2. 双脚起跳：起跳时，两脚开立，两膝快速下蹲，两臂相应后摆，上体前倾，然后，两脚用力蹬地、伸膝、提腰，两臂迅速向前上摆，使身体向上腾起。上体在空中要自然伸展，收腰，下肢放松。落地时，前脚掌先着地，屈膝缓冲身体下落的重力，保持身体平衡，以便衔接下一个动作。双脚起跳多在原地使用，也可以上步、并步、跳步或助跑情况下使用。

（四）滑步

滑步是防守移动的一种主要方法。它易于保持身体平衡向任何方向移动。滑步可分为侧滑步、前滑步和后滑步三种。

前滑步、后滑步的动作结构和用力过程与侧滑步相同，只不过是滑行和用力方向不同。在这里我们以侧滑步为例，其他两个滑步不再表述。

侧滑步的动作方法是：滑步前，两脚左右开立约肩宽，膝微屈，上体稍前倾，两臂侧伸，目平视，盯住对手。向左滑步时，右脚前掌内侧用力蹬地，同时左脚向左跨出，在落地的同时，右脚迅速随同滑行；然后依次继续重复上述动作。滑步时，身体不要上下起伏应随时调整重心，保持身体平衡。动作结束时，恢复原来身体姿势，并根据攻守情况，迅速转换下一个动作。

（五）急停

急停是队员在运动中突然制动、停止的一种脚步动作，常用的有以下两种：

1. 跨步急停：队员在快速移动中急停时，先向前跨一大步，上体后仰，重心后移，用脚跟着地，然后过渡到全脚掌抵住地面，迅速屈膝。接着再上第二步，脚着地时，脚尖稍向内转，用脚前掌内侧蹬地，两膝弯曲，上体稍向侧转（如先跨左脚后上右脚时则身体向左侧转），并稍前倾，重心落在两脚之间，两臂屈肘自然张开，保持身体平衡。

2. 跳步急停：队员在快速或慢速移动中，用单脚或双脚起跳，上体稍后仰，两脚同时落地。落地时，屈膝，两臂屈肘微张，保持身体平衡。

（六）转身

转身是队员以一只脚作为中枢脚，另一只脚用力蹬地，使身体旋转，从而改变身体方向的一种脚步动作。

动作方法：转身前，两脚开立约肩宽，两膝微屈，上体稍前倾，重心落在两脚之间。转身时，重心移到中枢脚，提踵，用前脚掌为轴，用力碾地，同时移动脚用力蹬地，上体随移动脚转动。身体重心要沿一个水平面转动，不要上下起伏。转身后，保持身体平衡，便于衔接下一个动作。转身有前后之分，移动脚向中枢脚前方跨步转动，从而改变身体方向的叫前转身；移动脚向中枢脚后面撤步转动，从而改变身体方向的叫后转身。

（七）后撤步

后撤步是变前脚为后脚的一种起步方法。队员为了保持有利位置，特别是进攻队员从自己前脚外侧持球突破或摆脱时，常用后撤步移动，并与滑步、跑等结合运用。

动作方法：撤步时，用前脚掌内侧蹬地，腰部用力向后转体，前脚后撤，同时后脚的脚前掌碾地，当前脚后撤着地后，紧接滑步，保持身体平衡与动作姿势，后撤角度不宜过大，动作要迅速，身体不要起伏。

二、教学与训练的建议

1. 移动的教学，一般是在开始阶段比较集中地进行，为学习其他技术打下基础。移动的教学顺序可以按跑、急停、转身、跳、滑步等分别组合进行，在这些动作教学的同时，要结合基本站立姿势、起动、跨步、撤步、交叉步等动作的学习。

2. 移动动作的讲解要明确、形象生动，可以联系生活实际，让学生易于联想，示范要正确，使学生较快地形成正确的动作概念。

3. 移动动作应组织专门性的练习，从单个动作到组合动作，逐渐增加动作的数量、练习的强度，并逐渐变换练习条件，提高运用能力。

4. 移动技术的教学与训练，应把提高脚步动作的突然性、快速性、灵活性作为重点，在各种移动练习中，都要强调站立姿势的正确、重心的稳定和转移。

5. 移动技术的教学与训练，应与提高专项身体素质紧密结合，还应与其他攻防技术、基础配合结合进行。在考核珍珠球技术时，移动技术应列为考查考试内容之一。

三、传球技术

传球方法很多，根据传球的方式和出手部位可分为单手肩上传球、单手体侧传球、甩传、翻腕传球、背后传球、头后传球、低手传球和反弹传球。

（一）单手肩上传球

单手肩上传球是珍珠球比赛中最常用的一种传球方法。这种传球迅速有力，运用于不同距离、不同方向、不同位置，并能与得分很好地结合运用，具有较强的攻击性。

动作方法：两脚前后开立，略长于肩，膝微屈，重心落在后脚上，左肩侧对传球方向，右手持球于体侧。准备传球时，右手将球由下向后引至肩上或直接引至肩上，小臂与大臂夹角大于 90 度，肘要高于肩，掌心对着传球方向。传球时，在右脚蹬地的同时，重心前移并向左转髋和转体，以肩带肘，向前挥臂，在球即将离手的瞬间屈腕，用食、中、无名指的力量将球传出。

（二）单手体侧传球

单手体侧传球也是珍珠球比赛中常用的传球方法。由于体侧传球动作幅度小、出手快，便于同突破、得分技术结合运用，故能够创造良好的进攻机会。

动作方法：两脚前后开立，两膝微屈，重心落在后脚上，右手持球于体侧。传球时，利用右脚蹬地向左转体带动右臂，以肘领先，小臂与地面平行向传球方向挥摆，掌心对着传球方向，最后用屈腕和食、中、无名指的力量将球传出。

（三）甩传

甩球是珍珠球比赛中灵活性大，实用价值较高的传球方法。因为甩传动作小，结构简单，出手快，又能和突破技术密切结合，所以常用于突破后的分球、短传推进的传球等。

动作方法：两脚左右或前后开立，略宽于肩，两膝弯屈，重心投影点在两脚之间，上体稍前倾，单手持球于体侧，传球时，右手掌心向下持球，以肘关节为轴，小臂、手腕急促向外甩动，最后用拇指拨球的力量将球传出。

（四）翻腕传球

翻腕传球的用途，基本上和甩传相同。但因翻腕传球是单手抓不住球的队员才能使用的技术，必然双手持球。所以，翻腕传球的灵活性、效果、实用价值等远不如甩传好。

动作方法：双手持球于腹前。传球时，双手向左转动球体，左手托球的下部，右手扶球的左侧，右手掌心对传球方向，同时右臂以肘为轴，小臂向外摆动，最后用屈腕和食、中、无名指的力量将球传出。

（五）背后传球

它是一种隐蔽传球的方法，在阵地进攻突破分球时使用较多。

动作方法：背后传球时，右手持球于体侧，左脚向前迈出一步，上体稍向右转并前倾使身体侧对传球方向；再上左脚转体的同时，右手持球向后摆，当球到臀部右后方时，掌心对准传球方向，用屈腕及手指拨球的力量将球传出。

（六）头后传球

它同背后传球一样，也是一种隐蔽性的传球方法。

动作方法：头后传球多是从单手肩上传球开始的，传球时，单手挥球于肩上，右手持球外旋，使手掌对准头后传球的方向，然后以肘为轴，小臂向头后摆动，用扣腕及食指、中指、无名指的拨球力量将球传出。

（七）低手传球

它可采用单手或双手在体前、体侧合体后出手，灵活性大。

动作方法：低手传球要利用转体或移动臂的位置来保护球，使手掌对准传球方向。传球时，主要是用屈腕和手指挑拨的力量把球传出。

（八）反弹传球

它是传球者借助地面的反弹把球传同伴的一种传球方法。它有着地点低，不易被防守者抢断的优点。

动作方法：反弹传球的技术动作和其他传球动作基本相同，只是传球的方向是传向地面，所以选择反弹着地点是传反弹球的关键。要根据传球人、接球人与防守人的距离来掌握反弹点。

四、接球技术

根据接球的手法有单手接球和双手接球两种。由于珍珠球体积小，球速快，所以在珍珠球比赛中，接长传球、接快速转移球等，大多采用双手接球的动作方法。根据来球的落点及其与身体部位的关系，分为接胸部高度的球、接高球、接低球和接反弹球四种。

（一）接胸部高度的球

这是珍珠球比赛中最基本的接球方法，一般用于接腰部以上与头部以下的来球。

动作方法：接球时，两眼注视来球，两臂向球伸出远迎球，五指自然分开稍向上翻，

两拇指相对成八字，手掌向前成半球状。当球触及手指的瞬间，两臂迅速随球向后回收缓冲把球接牢。同时要保持好身体平衡，以便衔接下一个动作。

（二）接高球

双手接高球在珍珠球比赛中广泛地被运动员所采用。

动作方法：接高球的动作方法与接胸部高度的球的方法基本上相同，只是在接球时两臂要伸向前上方对准来球（有时还需跳起）向后缓冲，动作要和来球方向基本一致。

（三）接低球

当同伴传来的球，在腰部以下的位置时，应采用接低球的动作方法接球。

动作方法：接低球时，两腿前后开立两膝弯曲，上体稍前倾，双手接球向前下方伸出，五指自然分开，两小拇指相对，手掌向球成半球状。球触及手指的瞬间两臂随球回收接住球。

（四）接反弹球

反弹球具有一定的隐蔽性，易于通过防守队员。所以掌握好反弹球技术是很重要的。

动作方法：反弹传球借助击地，使球折向接球同伴的位置，球弹起后的飞行方向仍是朝着接球队员的前上方。因此，接反弹球时，两膝要弯曲，上体前倾，双手对准球弹起的方向向前下方伸出迎球。手法手型有两种，一种是与接胸部高的球相同；另一种是两手掌相对分上下成半球状对准来球。当球触及手指迅速后引缓冲把球接住。

（五）单手接球

由于珍珠球体积小，球速快，单手接球一般在比赛中较少用。但由于单手接球有衔接动作快的优点，这里就单手接球的方法进行简单描述。

动作方法：单手五指自然张开，成勺形向来球伸出。当球触手后，手臂顺势回收缓冲，然后成单臂持球姿势。

五、投球技术

投球是进攻队员为将球投向抄网而采用的各种专门动作的总称。

投球从动作上可分原地、跑动和跳起投球三种；从投球出手的部位上可分为肩上、高手、体侧和低手等投球方式。由于投球脚步动作多变，出手方式多，形成了多种多样的投球技术。投球技术分为原地单手肩上投球、跑动单手肩上投球、向前跳起单手肩上投球、向上跳起高手投球和跳起体侧投球等五种。

（一）原地单手肩上投球

由于原地投球具有很强的突然性，所以一般在“冷射”时采用，另外在执罚点球时，也多采用原地单手肩上投球的方法。

动作方法：两脚左前右后站立，略宽于肩，身体侧对抄网人，两膝微屈，重心落在右脚上，右手持球置于体侧。投球时，右手迅速将球引至肩上，肘要高于肩，大小臂夹角要大于90度，然后，右脚用力蹬地，重心前移，左脚积极支撑地面，随即转髋带动上体向左转动，右臂以肩带肘向前挥摆，最后通过食、中、无名指的力量将球投出。原地射门还可以采用体侧、高手、低手的出手方式。

（二）跑动单手肩上投球

由于跑动单手肩上投球是在快速跑动中完成的投球技术动作，可以一步出手，也可以两步或三步出手，所以具有较强的突然性。

动作方法：当行进间接球后，可用三种步法跑动完成投球动作。在最后一步的右脚落地支撑地面时，右手将球已引至肩上，伴随引球上体稍向后转，随着跑动，左脚向前跨出，利用收腹和向左转体的力量，带动右臂向前挥甩，最后屈腕使球通过食、中、无名指的力量投出。球出手后继续跑动。在跑动中也可采用体侧或高手的出球方式。

（三）向前跳起单手肩上投球

这是珍珠球比赛中运用最广泛、效果较好的一种投球技术。因为它能有效地接近抄网，缩短投球的距离，并能使身体获得较大的前冲力，易摆脱对方的防守，增大投球的力量。所以快攻中的投球及突破对方防守后的投球，多采用向前跳起投球方法。

动作方法：原地持球利用短促快速的助跑，最后一步要小一些，使身体获得较大的前冲力，起跳时，上体前倾，左肩侧对抄网，坐脚掌用力蹬地，右腿屈膝自然向侧后抬起并展髋，使身体向前上方跳起。跳起的同时，右手持球经胸前引至肩上，挺胸展腹。投球时，身体借助转髋的力量向左转体，带动手臂向前挥摆。最后屈腕，使球通过食、中、无名指的力量投出。球出手后，起跳脚和摆动腿依次落地，屈膝缓冲，以恢复身体的平衡。

（四）向上跳起高手投球

向上跳起高手投球也是珍珠球比赛中常用的重要技术之一。由于此种投球能有效地获得出手高度，超越对方的防守，所以经常为高大队员在外线中远距离投球时采用。

动作方法：队员持球或在行进间接球，利用快速的助跑，起跳脚用脚跟过渡到前脚掌的滚动着地方法，积极蹬地向上跳起，右腿屈膝上抬，提腰展髋，右手持球向下经后向上引至于头上（也可直接向上引至头上），并向右转体，左肩侧对抄网队员，当身体腾空到最高点时，利用以肩带肘的鞭打动作，最后屈腕，使球通过食、中、无名指的力量投出。球出手后，以先左脚后右脚的顺序落地，屈膝缓冲，保持身体平衡。向上跳起高手投球时，出球部位可以在头上，也可以在肩上，遇到对手封球时，还可以变为体侧出手。

（五）跳起体侧投球

它充分利用珍珠球出手点多和灵活多变的的特点，能充分争取投球角度和有效的保护球。

动作方法：队员持球从端线附近向投球的方向助跑起跳，步幅小，频率快。起跳时，用左脚用力蹬地，右腿屈膝上抬，使身体向投球的方向跳起。起跳的同时，为了避开防守，右手持球经胸前引至头的左侧。跳至最高点时，将球由头的左侧经头上、右肩上划弧引至身体右侧，并用空中转体、转髋、挥臂的力量将球投出。球出手后，两脚以左脚至右脚的顺序落地缓冲，恢复身体平衡。

六、运球技术

运球是持球队员用手按拍借助地面反弹起来球的动作。运球技术动作方法较多，主要包括高运球、低运球、运球急起急停、体前变向运球、体前变向换手运球、背后运球、运球转身和胯下运球等八种。

（一）高运球

运球时两腿微屈，上体稍前倾，目平视，以肘关节为轴，前臂自然伸屈，用手腕、手指柔和而有力地按拍球的后上方。球的落点控制在运球手臂的同侧脚的外侧前方，使球的反弹高度在胸腹之间。手脚协调配合，使球有节奏地向前运行。这种运球，身体重心较高，速度快，便于观察场上情况。

（二）低运球

运球时，两腿应迅速弯曲，重心下降，上体前倾，球的落点在体侧，用上体和腿保护球。同时，用手腕和手指短促有力地按拍球的后上方，使球控制在膝关节的高度，两腿用力后蹬。继续快速前进。

（三）运球急起急停

在快速运球中一般采用两步急停，突然急停时，身体重心迅速降低，手按拍球的前上方，使球停止向前运行。运球急起时，两脚用力后蹬，上体急剧前倾，迅速起动，同时，按拍球的后上方，人、球同步快速前进。

（四）体前变向运球

以右手运球为例，当体前变向时，将球从身体右侧拍向体前中间的位置，再将球迅速回拨回右侧，然后按拍球的后上方，左脚向右侧前方跨出，上体向右转，侧肩挡住对手，从防守的左侧突破，继续运球前进。

（五）体前变向换手运球

以右手运球为例，运球队员从对手右侧突破时，先向防守左侧做变向运球假动作，当对手向左侧移动堵截运球时，运球队员突然按拍球的右后上方，使球经自己体前右侧反弹至左侧前方，同时，右脚向左前方跨出，上体向左转，侧肩挡住对手，同时换左手按拍球地后上方，左脚跨出并用力蹬地加速，从对手的右侧突破。

（六）背后运球

以右手运球从背后换左手为例，右脚前跨，右手将球拉到右侧身后转腕，按拍球的右后方，使球从背后反弹至左侧前方，左脚同时向左前方跨步，换左手运球加速前进。

（七）运球转身

以右手运球为例，变向时，用左脚在前为轴，做后转身的同时，右手将球拉至身体的侧后方，并按拍使球落在身体的外侧方，然后换左手运球，加速前进。

（八）胯下运球

以右手为例，变向时，左脚在前，右手按拍球的右侧方，使球从两腿之间胯下穿过，至身体左侧，然后上右脚，左手运球，加速前进。

七、持球突破

持球突破是持球队员运用脚步动作和运球技术超越对手的一项攻击性很强的技术。

持球突破可分为交叉步突破和顺步（同侧步）突破两种。

（一）交叉步突破（以右脚为中枢脚为例）

两膝微屈，身体重心降低，持球于胸腹之间，突破时，左脚向左前方跨出，假做向左侧突破，当对手重心向左偏移时，左脚前脚掌内侧迅速蹬地，上体向右转体探肩，左肩向前下压，重心向右前方移动，左脚迅速向右侧前方跨出，同时将球移于右侧，右脚用力蹬地向前跨出，迅速超越对手。

（二）顺步突破（以左脚为中枢脚为例）

准备姿势，和突破前的动作要求与交叉步突破相同。突破时，假做投球，当对手重心前移时，右脚迅速向右前方跨出一步，上体向左转体侧身探肩，重心向左前移的同时，右脚前脚掌迅速蹬地，向前方跨出运球，突破防守。

第二节　水区进攻技术教学与训练

一、教学与训练的建议

1. 教学顺序是：传接球——投球——运球——持球突破。

2. 进攻技术比较复杂，教学训练中要循序渐进，首先掌握正确动作，然后由慢到快，由单一技术到综合技术和配合技术，并在比赛中大胆使用。

3. 在教学训练中，要强调动作的规范，掌握运用时机。一旦发现错误，及时采用有力措施，加以纠正，以免形成错误动力定型。

二、教学与训练的方法

（一）传接球技术的教学与训练

1. 原地传接球的练习。

2. 行进间传接球的练习。

3. 结合其他技术与战术配合的传接球练习。

4. 增加有防守的传接球练习。

（二）投球技术的教学与训练

1. 投球技术练习。

2. 结合其他技术的投球练习。

3. 增加有防守的投球练习。

4. 通过基础配合的投球练习。

5. 结合实战的投球练习。

（三）运球技术的教学与训练

1. 原地运球练习。

2. 行进间运球练习。

3. 结合传接球、投球技术练习运球。

4. 运球对抗练习。

（四）持球突破技术的教学与训练

1. 原地持球练习交叉步突破和顺步突破的技术。

2. 向前、侧方抛球，然后跑动，跳步急停接球后，练习不同突破技术的方法。

3. 运用假动作，做不同的突破技术练习，提高运用动作的变化能力和动作的变换速度。

4. 两人一组，一攻一防，做原地持球突破。

5. 三人一组做突破后加速运球练习。

6. 一对一持球突破练习。进攻者应运用各种假动作诱骗对手，并把持球突破与投球结合进行练习，防守者应积极防守。

7. 三对三按规定练习持球突破。练习时，防守队员只能用盯人防守，不许交换防守。

第三节　得分区进攻技术

一、持拍

得分区进攻技术包括移动和抄网得分两种技术。

抄网得分是珍珠球运动中最主要的基本技术之一，是持抄网的队员借助抄网将投球队员投出的球抄入抄网内的技术。

（一）抄网得分技术分析

抄网得分技术是由移动、身体姿势、手持网和抄网采球四个环节组成。移动在第一节中已经阐述，在这里就不再详述。抄网得分基本技术如下：

1. 身体姿势

抄网时，两脚前后或左右开立，两膝微屈，上体稍前倾，抬头平视。持网的手臂弯曲，网头斜向上，五指紧握网柄，以便随时抄网采球得分。抄网视来球的高低而定，来球高时，可以跳起抄网；来球低时，两腿弯曲可再稍屈些。

2. 抄网采球

抄网时，应以肘关节或肩关节为轴，伸前臂，屈手腕，五指紧握网柄，对准投球，将球网入抄网内。

抄网技术的关键，是手对网的控制能力，脚步移动的熟练程度以及手、脚的协调配合。

（二）抄网得分动作方法

抄网得分主要包括上手抄网得分、下手抄网得分、侧手抄网得分和勾手抄网得分（以右手抄网为例）。

1. 上手抄网得分

当投球稍高时，原地或跑动中起跳，向上伸直手臂，头及身体向左侧稍倾，将抄网积极上举，将网口朝前，使网口对准投球，当球采入网内时，要顺势将网口翻转朝上，将球抄住得分。起跳尽量垂直向上，采到球后两脚落在得分区内。

2. 下手抄网得分

当投球低于腰部以下时，用下手抄网采球。两脚左右或前后自然分开，两膝弯曲较大，向下侧方伸出手臂，身体向来球异侧稍倾，将抄网网口朝前，使网口对准来球，当球进入网内时，使抄网顺来球方向缓冲，将球抄住得分。

3. 侧手抄网得分

当投球在身侧腰部以上、头部以下时，用侧手抄网采球。两脚左右或前后开立，两膝稍弯曲，向来球方向伸直手臂，身体向来球异侧稍倾，将网口朝前，使网口对准来球，当球进入网内时，顺势将网口翻转朝上，将球抄住得分。

4. 勾手抄网得分

当来球太高，垂直跳起已无法抄住球或抄不稳时，应采用勾手抄网采球。判断来球后，两脚快速移动，身体侧对球场，起跳脚为近端线脚，右手从体侧伸直手臂，身体向端线稍倾，将网口朝上，使网口对准来球，将球抄入抄网内，两脚可落在端线外。

（三）抄网得分技术教学与训练

1. 无防守的原地练习

二人一组，一人投不同的高度、不同方式的球，另一人练习抄网得分技术。

2. 在防守的原地练习。三人一组，一人投入不同的高度、不同方式的球，一人在中间持拍防守，另一人练习抄网得分技术。

3. 移动中的抄网得分技术练习。二人一组，在移动中，一人投球，一人练习抄网得分技术。

4. 有防守的移动抄网得分技术练习。三人一组，在移动中，一人投球，一人持拍封锁防守，另一人练习抄网得分技术。四人一组，在移动中，一人投球，两人持拍封锁防守，另一人练习抄网得分技术。

5. 实战中，练习抄网得分技术。

第四节　水区防守技术

水区防守技术包括移动、防守对手技术、抢球技术，打球技术、断球技术。

一、防守对手技术

它是指防守队员合理地运用各种防守动作，积极抢占有利位置，阻挠和破坏对手进攻，以争夺控制球权为目的的一种动作方法。因此，在教学训练中，重视个人防守技术，提高个人防守能力，有利于促进集体防守与进攻技术，有利于战术的学习与提高。

（一）防守无球队员的基本方法

1. 防守位置

正确合理地抢占有利位置，是争取防守积极主动的重要条件。防守队员位置的选择，要根据对手、抄网人和球的位置距离，以及对手的身高、速度、进攻特点和自身的防守能力来决定。就一般情况来讲，防守队员应该在对手与抄网人之间偏向有球一侧的位置上，保持一定的防守距离，可适当的远一些。对在水区与限制区交界处队员的防守要靠近对手，体现“球、人、区兼顾”的防守原则。总之，防守者的位置与距离的选择，要以能控制对手的行动为原则。

2. 防守姿势

正确的防守姿势，能扩大控制面积，并及时地向不同方向移动。

（1）防守距离球较近的对手时，经常采用面向对手侧向球的斜前站姿势。靠近球侧的脚在前，重心落在两脚之间，伸有球侧手臂，封锁对手的接球路线，干扰对手接球。

（2）防守距离球较远的对手时，经常采用面向球，侧向对手的站立姿势，靠近球侧的脚在前，重心落在两脚之间，两臂伸于体侧，密切观察球与人的动向。堵截对手摆脱接球的路线，果断进行抢断。

3. 防守方法

水区内防守时，防守队员根据进攻队员的移动和球的移动，合理地运用上步、撤步、滑步、交叉步和快速跑等脚步动作，随时抢占有利的防守位置，保持正确的防守姿势，及时堵截对手摆脱移动的路线，不让对手在有利于进攻的位置上接球。在防守无球队员时，通常采用防纵切和防横切两种形式。

（二）防守有球队员的基本方法

1. 防守位置

当对手有球时，就站在对手与抄网人之间的位置上，一般与对手的距离以伸手能够触到对方的球为宜。对手离抄网人近，则靠对手近些；对手离抄网人远，则靠对手远些。特别要根据对手的技术特点（善投、善传、善突），以及防守战术的需要及时调整防守位置。

2. 防守姿势

（1）平步防守：两脚平行站立，两臂侧伸不停地挥摆。这种防守方法防守面积大，攻击性强，便于左右移动，适合于防守运球和持球突破。对手运球停止时，封堵传球，进行夹击防守配合时也可以采用平步防守的方法。

（2）斜步防守：两脚前后站立，前脚同侧的手臂向前上方伸出，另一手臂侧伸。这种防守姿势便于前后移动，适用于防守投球的对手。

3. 防守方法

（1）防投球：要掌握投球人的投球技术特点和习惯的投球方法。首先要控制不让其轻易摆脱防守接到球，或者不让其轻易投出球。当对手接到球后，采用贴近对手防守的方法使其难以投球出手，迫使其改变习惯的投球动作；当对手跳起投球时，要及时跳起封盖。

（2）防运球突破：要根据对手技术特点采取对策。如对手习惯以右脚为中枢脚，采用交叉突破技术，经常从防守的左侧突破，则防守队员应采用堵左放右的策略，用平步防守或左脚在前的斜步防守方法堵住其左侧，迫使对手无法突破或只能向右侧运球，以削弱其攻击力。在对手运球突破时，防守者要积极移动，堵中放边，迫使对手改变运球方向，向边角移动。当对手运球停止后，迅速上前封堵其传球或投球。

（3）防传球：防守队员要根据对手位置与视线，判断其传球意图。及时上前贴近对手，积极挥动手臂阻挠其传球，迫使其向无攻击威胁的位置传球，同时也要伺机抢断球。

二、抢球、断球技术

抢球、断球是攻击性很强的防守技术，它是积极防守战术的基础。

（一）抢球、断球技术分析

有效地抢球、断球，是建立在准确的判断、快速的移动及合理的手部动作的基础上，也是同伴之间相互协作的结果。

1. 准确地判断球的所在位置、球的移动路线、球的速度和球到的位置，了解对方的配合意图及习惯动作，然后不失时机地、准确地出击。

2. 快速的移动就是移动的步频要快，起动要突然。不管抢球、断球，突然性很重要。突然跃出，接近对手，才能使对手猝不及防。

3. 手部动作正确与否，是获得球的重要因素。比赛中充分利用手臂的伸、拉、挡、截，手腕和手指的拍击、点拨、扭转、封盖等动作，看准时机并迅速果断地抢、断球。要求：手臂动作幅度不要太大，身体用力不要过猛，要控制身体平衡，以免犯规。

4. 抢球、断球不成功时，要以最快的速度恢复正确的防守姿势和重新选位。

（二）抢球、断球技术动作方法

1. 抢球

它是从进攻队员手中夺取球的方法。抢球时，首先要判断好时机，在持球队员思想松懈或没有保护好球而使球暴露比较明显时，迅速接近对手，以快速敏捷有力的动作，把球抢夺过来。抢球时手部动作方法有两种。

（1）拉抢：防守队员看准对手的持球空隙部位，迅速用两手抓住球后突然猛拉，将球抢夺过来。

（2）转抢：防守队员抓住球的同时，迅速利用手臂后拉和两手转动的力量，将球从对方手中抢夺过来。

抢球的主要时机有：当对方刚接到球时；当对手跳起接球下落时；当对方运球停止时；当持球队员只注意防守他的队员，而忽略其他防守队员时。

2. 断球

它是截获对方传球的方法。根据传球方向和防守队员断球前所处的位置，一般分为横断球、纵断球和封断球三种。

（1）横断球：

是从接球队员的侧面跃出截获球的动作。断球时，屈膝，身体重心下降，准备起动。当球刚由传球队员手中传出的一刹那突然起动，单脚或双脚用力蹬地跃出，身体伸展，两臂前伸，将球截获。如距离较远，可加助跑起跳。

（2）纵断球：

是从接球队员身后或侧后，跃出截获的动作。当防守队员从接球队员的右侧向前断球时，右脚先向右侧前方跨出半步，然后侧身跨左脚绕到接球队员的前方，左脚或双脚用力蹬地向前跃出，身体伸展，两臂前伸，将球截获。

（3）封断球：

是在封堵持球队员传球时截获球的动作。当持球队员暴露了自己的传球意图，或传球动作较大，防守者可在对方球出手的一刹那，突然起动，伸臂封盖或将球截获。

四、水区防守技术教学与训练

（一）建议

1. 教学顺序是：防守对手——抢球——断球。

2. 防守技术比较复杂，教学训练中要循序渐进，首先要掌握正确动作，然后由慢到快，由单一技术到综合技术和配合技术，由消极对抗到积极对抗练习，并在比赛中大胆使用。

3. 在教学训练中，要强调动作的规范，掌握运用时机。一旦发现错误，及时采取有力措施，加以纠正，以免形成错误动力定型。

（二）练习方法

1. 防守的基本步法练习

（1）根据教练员的手势进行滑步、后撤步和交叉步的步法练习。要求动作反应要快。

（2）做后退跑、交叉步、横滑步和前滑步的练习。要求动作变换要快。

（3）滑步与起动跑练习。当队员在滑步时，眼看教练员，当教练员发出信号后，立即起动快跑。要求动作反应要快。

（4）后撤步、交叉步与起动跑的练习。当队员在做步法练习时，要眼看教练员，当教练员发出信号后，立即起动快跑。

2. 对进攻队员的防守练习

（1）对无球队员的防守练习：

① 两人一组，一人在场上做各种方式的移动，另一人根据对手情况做防守练习。

② 在比赛中，练习防守。

（2）对有球队员的防守练习：

① 防守有球队员一攻一练习，要求消极进攻。

② 半场一对一攻防练习，攻防逐步增加对抗强度。

③ 全场一对一攻防练习。

3. 抢球练习

（1）体会抢球动作。

（2）体会持球者摆动球时的抢球时间。

（3）抢地滚球。

（4）抢空中球。

（5）抢接高空下落时的球。

（6）抢持球队员手中的球。

（7）运球停止时的抢球。

（8）夹击时的抢球。

4. 断球练习

（1）体会断球练习。

（2）断球的反应练习。

（3）断球移动练习。

（4）断球结合反击。

（5）结合其他技术练习。

（6）在比赛中提高断球的运用能力的练习。

第五节　封锁区防守技术

封锁区的防守是防守队员用球拍封锁住球，不让对方把球投入抄网内。封锁区内的队员不仅要把投球封锁好，还要在得球后迅速、准确地发动快攻，起到助攻的作用。

封锁区的防守包括选位、准备姿势、移动、持拍封锁。

一、位置选择

封锁区防守队员选择位置的恰当与否，将直接关系到己方是否失分。防守队员应根据球的活动方向与位置，不断移动和调整自己的防守位置，使自己始终保持在投球人与抄网人之间。

二、准备姿势

保持正确的准备姿势，就能迅速而准确地做出防守动作。正确姿势是：两脚自然开立，与肩同宽，身体重心落在前脚掌上，上体稍向前倾，两手各握住球拍，屈肘，手腕放松，两膝微屈，随时准备防守投球。

三、脚步移动

防守队员经常以快速灵活的脚步移动，使自己保持正确的防守位置或及时进行封堵来球。

四、持拍封锁

1. 夹球：当投来球的球速不快时，采用夹球。双手举起球拍，一球拍对准来球，另一球拍迅速从球后方拍球，使球被球拍夹住，固定不动。夹住球后，迅速发球，组织本方的快攻。

2. 挡球：当投来球的球速较快时，采用挡球。把球拍举起，用球拍对住来球，当球触拍的一刹那，手腕前曲，球拍用力下压，将球挡落在水区内。所挡的球尽量挡给水区内己方队员，以组织快攻。

3. 捅球：当投来球太高时，采用捅球。把球拍举起，身体后仰，用球拍上沿对准来球，当球触拍的一刹那，顺势将球捅出界外。

4. 挑球：当投来的球是反弹球时，应采用挑球。挑球时，用球拍对准来球，拍头朝斜下方，将球挑起，在球触拍的一刹那，顺势将球挑给水区内己方队员。

5. 拨球：当投来的球是地滚球时，应采用拨球。拨球时，用球拍对准来球，拍头朝下，将球拨出封锁区，在球触拍的刹那，顺势将球拨给水区内本方队员。

五、封锁区防守的教学与训练方法

（一）建议

1. 教学训练开始时，要讲清楚持拍封锁防守方法，并可运用模拟训练法。

2. 专门训练不同形式的持拍封锁防守。

（二）练习方法

1. 移动练习

（1）原地向左右两侧做左、右滑步的移动练习。心要平稳，移动中始终保持准备姿势。

（2）原地做左、右跨步和上步的移动练习。要求做动作前身体保持正确的防守姿势，两脚不停地弹动，以便于起动。动作要突然、快捷。

2. 选位练习

水区内队员快速转移球，封锁区防守队员根据球的移动方位做选位练习。要求封锁区防守队员移动速度要快，要使自己始终在正确的位置上。

3. 封锁区持拍封锁防守技术练习

（1）封锁区防守队员原地站立或左右移动，教练员传不同方向、不同高度的球，让封锁区防守队员根据来球的方向采用不同的持拍封锁防守技术防守来球。

（2）在消极进攻的情况下，让封锁区防守队员采用不同的防守技术防守来球。

（3）在积极进攻的情况下，让封锁区防守队员根据来球的方向、高度，采用不同的防守技术来防守球。

（4）采用一些辅助练习，来训练封锁区防守队员持拍封锁的速度和反应。

第三章　珍珠球战术的教学与训练

第一节　水区战术

一、水区队员的个人战术行动

个人战术行动是在珍珠球比赛中根据本队战术的需要和对方攻、守特点以及战术变化的情况而采取的有针对性的策略行为，是队员有针对性地运用身体、技术、战术进行独立作战的行为。它是全队战术的组成部分。在珍珠球比赛中，水区中每队只有四名队员，所以个人战术行动在每场比赛中占有非常大的比重。

（一）水区无球队员的个人战术行动

1. 进攻：包括摆脱、纵切、横切、去掩护、利用同伴掩护等。

2. 防守有球队员：防投、防突破、防传球、抢断球。

3. 防守无球队员：防纵切、防横切、防去掩护、防接球。

（二）水区有球队员的个人战术行动

1. 投球

当抄手跑出机会时应果断出手；无人防守时应果断出手；在自己已习惯位置应果断出手。

2. 传球

当队友的位置好于自己时应传球；当自己不能攻击时，应及时传球。

3. 突破

当防守失去位置，失去重心时果断突破；对方防守区域扩大时；防守队员速度慢、防守差时应果断突破。

4. 运球传球角度不好时应运球后调整后再传。

二、水区基础配合

（一）传切配合

如传球给某队员后，向左侧做假动作，然后快速启动从右侧切入。

（二）侧掩护配合

掩护配合是合理地用自己的身体挡住同伴的防守者的路线或利用同伴的身体和位置使自己摆脱防守的一种配合方法。

练习要求：掩护时身体姿势要正确，距离要合适。掩护后的转身切入和传球的时机应掌握好。

（三）突分配合

突分配合是指持球者突破后利用传球与同伴配合的战术。

练习要求：突破要快速，并要有投球准备，遇防守后将球传给位置更好的同伴。

（四）中锋策应配合

策应配合是指处于内线的队员背对进攻方向接球后，与外线队员的空切相结合的一种里应外合的配合方法。

练习要求：策应队员注意及时抢占有利位置。注意观察场上的变化，及时将球传给同伴攻击或自己进攻。

三、水区防守战术

根据珍珠球水区宽阔、易攻难守的特点，所以在水区的防守上一般不用区域联防，而均采用人盯人的防守战术。

（一）半场人盯人防守

1. 运用半场人盯人防守战术的基本要求

（1）贯彻“以球为主，人、球兼顾”的防守原则。持球者紧逼，近球区紧防，远球区协防。

（2）重点防守主攻方向和攻击点。时刻观察判断对方的意图，控制对方的移动方向（包括人和球），尽快掌握对方进攻战术的打法和进攻特点。

（3）每名队员首先应盯住自己的对手，对持球队员做到防投、防传球、防突破。要尽快了解掌握对手进攻的特点和弱点，予以制约。

（4）当进攻队员运用各种配合时，防守队员要有良好的默契相互呼应，相互补防。严密控制腹地和威胁较大的地区。

2. 半场人盯人防守的方法

（1）回防时迅速找到自己的对手，保持好距离立即紧逼防守。

（2）防守持球队员时应卡住其运球行进线路队员，并迫使他停球同时要上前防止他投球。

（3）防无球队员时要防他接球和切入，如果对方空切时，要堵住其线路，让他走远离球的一侧。

（4）当对方做掩护或其他配合时，应相互提醒，破坏对方意图。

（5）根据对方的进攻特点，加强对重点人和重点得分手段的防守。

（二）全场人盯人紧逼防守

1. 全场人盯人紧逼防守战术运用的时机

（1）突然变化战术，出其不意、攻其不备时。

（2）身材比较矮小的队，但速度和灵活性较好，可用来对付身体高大而灵活性和速度较差的队。

（3）为了扩大战果或挽回败局时。

（4）对方体力差，为了拖垮对方和有意消耗对方体力时。

（5）对方组织进攻，队员经验不足，控制球能力较差时。

（6）为延误对方推进到前场的时间，使对方在前场不能从容组织战术配合时。

2. 全场人盯人紧逼防守战术的基本要求

（1）由攻转守时，全队思想统一，行动一致，每名队员要以先声夺人的气势迅速找到自己所防守的队员，抢占有利的防守位置，盯住各自的防守对手，不让对方传、接球。

（2）防无球队员时，近球区采用内侧脚在前的防守步法不让对方接球，应做到人球兼顾，迫使对手走外线或远离球一侧。如对方摆脱或掩护时，应积极卡堵或挤过防守，尽量不换防。远球区在防对方接球的同时，注意协防和补防。防无球队员应做到"以球为主，球、人、区兼顾"的防守原则。

（3）有球队员应紧逼持球者。在全场防守时，如果对方还未运球，应以防运球突破为主，防运球采用"堵中放边"的防守方法，并运用假动作或拼速度迫使对方早停球。"死球"后紧逼持球者。在前场应注意防运球、防突破、防传球和防投，因此，应采用平步紧逼的防守步法，迫使其远传球。

（4）全队防守要有声势，防守有重点。尽量让对方控制球能力差的队员持球。尽量延缓对方的推进速度，延误对方的推进时间。让对方在边角停球，割断持球队员与接球队员的联系，破坏对方的战术配合，充分发挥出本队速度快、灵活性好、积极拼搏的风格特点，以夺得球权为目的。

3. 全场人盯人紧逼防守的战术方法

（1）要激发本队的士气，给对方心理上造成压力，使其紧张、慌乱，从而造成失误，展开以夺取球权为目的的主动防守。

（2）当同伴被突破时应及时补防和换防。

（3）在本方得分后或对方发后场界外球时展开全场紧逼。

第二节　得分区、封锁区战术

一、封锁区队员战术教学与练习

（一）封锁区队员的防守

1. 个人防守

封锁区队员应熟练掌握持拍基本的挡、夹、挑、捅等防守技术，还应加强防守位置的选择，做到人（抄网手）、球（投来球的线路）兼顾。尽最大可能地干扰抄网手的视线和判断，并识破对方的假动作及时移动，熟练运用侧跨步、侧滑步、侧向跳、后仰跳等技术动作。

2. 集体防守

持拍队员的集体防守主要是通过分工合作，同步移动、多层次起跳来增大对抄网队员的防守面。并观察了解对手习惯的得分手段，进行干扰破坏。合理安排位置，互相照应，互相鼓励。

（1）防正面高吊球

正确判断来球线路，选择起跳时机。对太高的球可采用捅球技术破坏。

（2）防侧向高吊球

当一名持拍队员从中路侧跨跳防守时，另一名持拍队员就要从同伴身后跨跳挡后远球，后仰跳挡高球。

（3）防中路快球

对中路快球一定要严密防守，因为这种球一旦成功，就能大大鼓舞对方士气，所以同伴失去位置后应迅速补位。

（4）防界外快板球

当抄网队员向一侧边线移动时，同侧队员要抢先移动挡住抄网队员在边线外抄球，另一持拍队员就要同步移动挡错位快球。

（二）练习方法

持拍队员站立于封锁区，屈膝，脚跟离地，双手持拍于体前肩上，做好随时移动和起跳准备。教练员与水区相距 4 ~ 5 米，向持拍队员投正面高吊球、左右两侧高球和平快球。练习要求：移动快、起跳时机准确、手上动作合理，每 30 球为一组，每次三到五组。

二、得分区队员的战术教学与练习

（一）抄网手的战术教学

要成为一名优秀的抄手，除了应具备速度快、弹跳好、灵活的基本素质外，还应具备良好的心理素质和临场应变能力。抄网队员发挥得好坏往往能决定一个队的胜负，所以对抄手的培养是全队训练的关键。

抄手应具备的战术素质：

1. 对投手投球动作的预见性，并能及时跑出位置。

2. 研究两个持拍队员的综合能力和动作习惯，找出弱点加以攻击。

3. 掌握一两种“绝招”，灵活运用。

4. 与同伴形成默契，与持拍队员斗智斗勇。

（二）练习方法

1. 多球练习

抄网手站于得分区内，面向场内站立，抄教练投来的平球、高球。教练与抄手距5~6米。

练习要求：快速移转和起跳，抄中30个球为一组。开始定点、定位抄球，逐步可听信号并配合假动作抄高、中、低各种不同的反弹球。

2. 假动作抄时差高球

抄网手左脚或右脚侧向跨一步，做虚晃摆脱假动作，使对方持拍队员重心侧移，当对方持拍队员失去平衡时，突然起跳并上举，抄高点快球。

练习要求：教练举球时，抄网队员开始做假动作，要逼真，然后收脚起跳给网位。

3. 假跳起摆脱抄快球

抄网手原地做起跳的假动作，诱使对方持拍队员重心上提或改变防守动作，同时迅速向左侧或右侧移动。错开另一名持拍队员的防守，同时迅速抄肩前上方的平快球。

练习要求：错位后，向两侧跨跳，以拉开与持拍队员的距离，并给出网位（肩前上方）明示射抄位置。

4. 假摆脱后跨跳接侧向高抛球

抄网手用脚或上体做摆脱的假动作，使对方持拍队员重心位移或改变防守位置，然后抄网手后撤一步，侧对来球向后跨跳抄高抛球。

练习要求：侧身站立，注视来球，待球通过封锁区上方后再跳抄球。

5. 边线外腾空接应平快球

抄网向水区运球同伴方向移动时，如果发现水区同伴被逼至边线，而持拍队员又在重叠位置时，快速移动至同伴的同侧边线后跨跳出去，利用界外空间在落地前抄同伴射来的球。

练习要求：判断准确，配合默契，水区队员和抄网队员同时起跳，空中配合时机要掌握好。

第四章　珍珠球竞赛规则

比赛定义：

1. 每场珍珠球比赛由两个队参加，每队上场 7 名队员。

2. 水区内双方各有 4 名队员负责进攻或防守。进攻者可将球向任何方向传、拍、滚、运，目的是向抄网投球并得分。防守者阻止对方获得球并得分。

3. 封锁区内有 2 名持球拍的对方队员，用封、挡、夹、按等技术动作阻挡进攻队员向抄网内投球。

4. 每队有 1 名持抄网的队员在得分区内活动，用抄网试图抄中本方队员投来的球（珍珠）。

5. 比赛结束时得分多者为胜。

第一节　比赛时间、场地、设备

一、比赛时间

1. 比赛分上、下两个半时，每半时 15 分钟，两半时中间休息 10 分钟。

2. 如果下半时终了时得分相等，要延长 3 分钟作为决胜期继续比赛。必要时要延长几个这样的 3 分钟，直到分出胜负为止。

3. 决胜期是下半时的继续。在所有决胜期中，球队按下半时的进攻方向进攻，全队累计犯规及罚则延续到每一决胜期。

4. 第一个决胜期前，主裁判员要召集双方队长抛币选择发球权。以后每打一个决胜期双方互换一次发球权。

5. 下半时与第一个决胜期之间休息 2 分钟。以后的每个决胜期之间只交换发球权，不休息。由主裁判员主持在中圈发球继续比赛。

二、比赛场地

1. 球场是一个长方形的坚实平面，无障碍物。

2. 场地长 28 米，宽 15 米。由颜色显示，但四边必须用线条标出。场地的丈量是从颜色的边缘和界线的内沿量起。场地的所有界线为白色，所有线宽

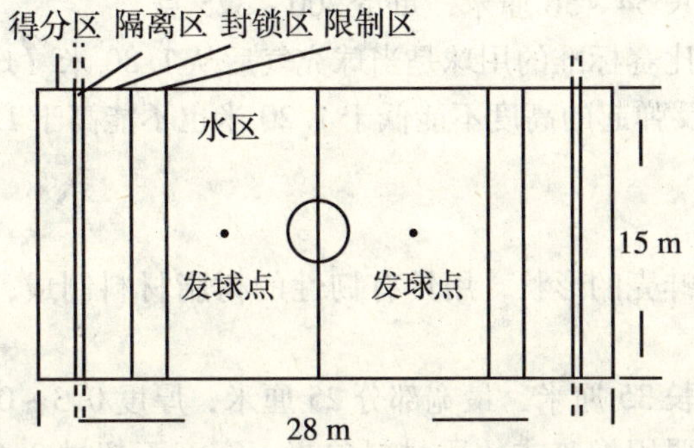

5 厘米。

3. 场地长边的界线叫边线，短边的界线叫端线。

4. 界线外至少 3 米内不得有任何障碍物（包括球队席全体人员），场地上空最低障碍物的高度至少 7 米。

5. 场地内设水区、限制区、封锁区、隔离区及得分区。

各场区需用颜色显示（也可使用线条）。水区为海蓝色，限制区与隔离区为红色，封锁区与得分区为黄色。红黄两色区域也可用其他颜色，但不论什么颜色，限制区与隔离区的颜色应一致，封锁区与得分区的颜色应一致。颜色的边缘代表各场区的界线。

6. 各场区尺寸：得分区 0.80 ×15 米，隔离区 0.40 ×15 米（如用线条，线条包括在该区域范围内），封锁区 1.00 米 ×15 米，限制区 0.80 ×15 米（如用线条，线条包括在该区域范围内），水区 22 ×15 米。

7. 场地中间必须画有中圈与中线。中圈画在球场中央，直径 3.60 米。中线连接两边线的中点并与两端线平行。

8. 罚球点为直径 10 厘米的白色实心圆点。罚球点的中心距端线内沿 7 米，距边线内沿 7.50 米。

9. 得分区与隔离区之间两场区颜色的边缘（或线条）为得分线，隔离区与封锁区之间两场区颜色的边缘（或线条）为隔离线，封锁区与限制区之间两场区颜色的边缘（或线条）为封锁线，限制区与水区之间两场区颜色的边缘（或线条）为限制线。

10. 各场区用颜色或线条显示，得分线和隔离线均应向两边线外各画出 2 米长的延长虚线（两虚线外沿之间 0.40 米），虚线每段长度及间隔均为 0.10 米。

三、比赛设备

（一）比赛用球

1. 外壳用皮革或橡胶制成，内装有球胆，表面应为珍珠（白）色。

2. 球的圆周长 54 ~ 56 厘米，重量 300 ~ 325 克。

3. 一个符合比赛标准的用球是当球充气后从 1.80 米（球的底部量起）的高度自由落地，反弹起的高度不能低于 1.20 米也不能高于 1.40 米（球的顶部量起）。

（二）球拍

1. 球拍为蛤蚌壳的形状，用具有韧性的树脂材料制成，颜色最好与蛤蚌壳颜色相仿。

2. 球拍部分长 35 厘米，最宽部分 25 厘米，厚度 0.3 ~ 0.5 厘米。

3. 球拍边缘要用橡胶或软质材料包裹，宽度不超过 0.4 厘米，厚度不超过 0.2 厘米。

4. 拍柄为椭圆柱形。长 15 厘米，最大直径 4 厘米。

5. 球拍总长 50 厘米，重量 390 ~ 410 克。

（三）抄网

1. 抄风兜口为圆形，网圈用圆形金属条制成。圆条直径 0.4 ~ 0.6 厘米，兜口内径 25 厘米。

2. 网兜用细绳或尼龙绳织成，网深 30 ~ 35 厘米，网眼为 3 ~ 3.5 厘米，网兜颜色应为深色。

3. 网柄为圆柱形，长 15 厘米，直径 3 ~ 4 厘米。

4. 抄网重量为 180 ~ 300 克。

（四）专用器材

1. 比赛计时钟和计秒表各一块，比赛计时钟为比赛时间计时，计秒表为暂停计时。

2. 25 秒钟装置。具备数字倒计数型，用秒来指示时间及从停住的时间处继续计时的功能。

3. 信号。至少要有两种信号，一种是计时员、记录员所用信号，一种是 25 秒钟计时员所用信号。

4. 记分牌。能让与比赛有关的每一个人看清楚。

5. 记录表。使用珍珠球比赛特定的记录表。

6. 队员犯规次数标志牌。5 块，牌上数字的最大尺寸为高 20 厘米，宽 10 厘米。1 ~ 4 数字为黑色，5 为红色。

7. 全队犯规标志两个，最小尺寸高 30 厘米，宽 20 厘米，红色。

第二节　珍珠球竞赛基本规则

一、中圈发球

1. 抛币获得发球权的队由一名水区队员持球站在中圈本方场区的半圆内，主裁判员鸣哨示意比赛开始后，5 秒钟内将球传给中圈外的水区队员。球出手后，在球出中圈前或球触及其他水区队员之前不得触球。

2. 发球前，除发球队员以外，双方水区队员要站在中线后的水区内。球出中圈前双方任何队员都不得进入中圈或将身体的任何部位超越中圈线的垂直面（圆柱体），脚不能触及中线或身体的任何部位接触中线前的地面，也不得触及中圈内的球。

3. 违反以上规则为违例。

二、抄（投）球入网、得分及继续比赛

比赛中，持网队员在得分区内按规则的规定将水区投来的或防守队员未挡住的活球抄入网内，由裁判员认定为得分。持网队员抄采的球还必须符合下列限定：

1. 整个球体超过得分线的垂直面处在得分区的空间或地面上。

2. 整个球体在空中越过得分线及其延长虚线的垂直面，落在得分区边、端线以外地面之前。

3. 投射到拍网区域（封锁区、隔离区与得分区）地面上的反弹球，弹起后整个球体越过得分线的垂直面，落在得分区边、端线以外地面之前。

4. 抄（投）球入网内，必须是球入网后，球在网中有一个相对稳定的停止时间，在裁判员认定为得分后，球才可出网。如果球虽然已经抄（投）入网内，但瞬间即被甩出或弹出则不能算是得分。

5. 抄球（含点球）时，持网队员身体的任何部位（含器械）不得在球入网前或球入网的同时触及得分线、边、端线及其以外的地面。即使在得分区内将球抄入网中，但其后身体不能稳定在得分区内，在裁判员认定得分前身体的任何部位（含器械）触及了得分线、边、端线及其以外的地面不能得分。

6. 持网队员可以在得分区内原地或运动中抄球（含点球），并在抄球（含点球）入网后身体停留在得分区内。抄中本规则 1、2 限定的，或任何经拍网队员身体（含器械）挡碰的球为 1 分。抄中本规则 3 限定的，不经拍网队员身体（含器械）挡碰的球为 2 分。球可能多次接触地面或在得分区地面上滚动或停留在得分区地面上，只要符合 1 分或 2 分的限定，抄中仍以所限定

的分值认定。

7. 腾空抄球入网后身体同时落在场外的不得分：

（1）身体的任何部位同时接触场内场外地面。

（2）器械接触了得分区边、端线以外的地面。

（3）球从网中弹出或甩出。

8. 抄（投）球入网得分后，持网队员将球交给对方持拍队员或持网队员将球放在就近的封锁区内，由对方持拍队员发球继续比赛。持拍队员得球后或已可处理球后必须在5秒钟内用球拍将球抛传给水区或限制区内同队的水区队员。

三、跳球

1. 双方犯规且双方均不控制球或无抄（投）球入网得分时，双方的犯规罚则一致相互抵消和宣判了争球时，比赛在中圈跳球继续开始。

2. 裁判员在双方各一名水区跳球队员之间将球抛起，跳球即开始。

3. 跳球时，两名跳球队员的脚要站在本队场区的半圆内，一只脚靠近两人之间的线的中心。球到达最高点后必须被一名或双方跳球队员合法的拍击跳球才合法。每个跳球队员可以拍击两次，如果双方跳球队员都没有拍着球则应重新跳球。在球被合法地拍击前，任一跳球队员都不得离开他的位置，也不能在球触及非跳球队员、地面前将球抓住。

4. 双方另三名水区队员可以在水区内的任何一点站位。从跳球开始至拍击前不得移动。不得使身体的任何部分在中圈线（圆柱体）上或超越中圈线(圆柱体)。

5. 违反以上规定为违例。

四、争球

1. 双方各一名队员或多名队员同时紧握着球，谁也不能获得球时应判争球。

2. 由双方两名争球队员在中圈跳球继续比赛。

3. 如双方多名队员争球时，跳球要在双方两名身高大致相同的争球队员之间进行。

五、掷界外球

1. 当球出界、违例、犯规后不罚点球或罚点球后还有球权时，由获得球权的队在距违犯地点最近的边线外（点球后还有球权在距罚球点最近的边线外）掷界外球继续比赛，球在端线或得分区封锁区的边线出界后，或违犯发生在封锁区、得分区时，掷界外球的地点要在就近的限制线终端的边线外。

2. 裁判员必须将球递交、传给掷界外球的队员或将球置于该队员可处理处。

3. 掷界外球的队员在球离手前不得从裁判员指定的地点沿边线移动超过正常的一步，但可沿垂直界线的方向后退。

4. 掷界外球的队员不得违反下列规定：

（1）在球触及了另一队员前在场内触球。

（2）球离手前或离手时踏场地。

（3）球离手的时间超过 5 秒钟。

（4）球离手后，在球接触场上队员前，球触及界外地面和物体。

（5）球离手后，在球触及另一水区队员前直接投入网内。

5. 在球掷过界线前，任何其他队员都不能使身体的任何部分超过界线。

6. 当界外障碍物距界线不足 3 米时，掷界外球的对方队员必须退到在掷球地点界线的 1 米以后的场区内。

7. 违反以上规定为违例。

六、水区队员通则

（一）运球

1. 水区队员在场上控制一个活球后，可以在水区内向任何方向运球。将球掷、拍或滚在地面上并在球触及另一队员之前再触及球为运球开始。

2. 运球过程中必须使球与地面接触，运球的手不和球接触时，运球队员走或跑的步数不受限制。

3. 用双手同时触及球或使球在一手或两手中停留的瞬间运球即完毕。

4. 运球结束后不能再运球。除非失去了对球的控制，失去对球的控制是指：投球，球被对方队员拍击、传球或漏接后球触及了另一队员或被另一队员触及。

下列情况不算运球：

（1）在运球开始或结束时，队员偶然地失掉球，然后恢复控制球（漏接）。

（2）与附近的其他队员抢球中用挑拍以图获得控制球。

（3）拍击另一队员控制的球。

（4）拦截传球并获得该球。

（5）只要不出现带球走的违例，允许球在触及地面前在手中抛接和停留。

（6）违反本条规则为违例（队员在场上没有控制活球就没有这条规则的违例）。

（二）带球走

1. 持活球的队员可以用同一只脚向任何方向踏出数次（跨步或旋转），但另一只脚不能离开与地面的接触点，称为中枢脚。队员在持着活球进行跨步旋转时必须要有中枢脚。

2. 确定中枢脚：

（1）队员双脚着地接到球可以用任何一脚做中枢脚抬起的同时另一只脚就成为中枢脚。

（2）队员在移动或运球中接到球；

接球时一脚正触及地面，另一脚一触及地面，先触地面的那只脚就成为中枢脚；

接球时一脚正触及地面，然后可以跳起这只脚并双脚同时着地，则哪只脚都不是中枢脚；

双脚离地接球后双脚同时着地，则任何一脚都可以做中枢脚。一脚抬起的同时另一脚就成为中枢脚；

双脚离地接球后分先后着地，则先着地的脚是中枢脚；

双脚离地接球后一脚着地，可以再跳起这只脚并双脚同时着地，则哪只脚都不是中枢脚。

（三）持球移动

1. 确定了中枢脚后，在传球和投球中，中枢脚可以抬起，但在球离手前不可以落回地面。

2. 运球开始时，在球离手前中枢脚不可以抬起。

3. 当停步后哪只脚都不是中枢脚时，在传球或投球中一脚或双脚都可以抬起，但在球离手前不可以落回地面。运球开始时，在球离手前哪只脚都不可以抬起。

4. 违反以上规则为违例（队员在场上没有控制活球就没有这条规则的违例）。

（四）队员出界与球出界

1. 当队员身体的任何部分接触界线或界线外的地面，或界线外的任何物体即为队员出界。

2. 当球触及界线、界线外的地面或界线外的任何物体，或触及界线外的队员或其他人员为球出界。

3. 在球出界前最后触及球或被球触及到的队员是使球出界的队员。

4. 如果球出界是由于触及了界线上或界线外的队员，或被他所触及，是该队员使球出界。

5. 违反以上规则为违例。

（五）被严密防守的水区队员

1. 被严密防守（在正常的一步之内）的水区持球队员要在5秒钟内传、投、滚或运。

2. 违反以上规定为违例。

七、封锁区、得分区队员通则

（一）封锁区队员的行为准则

1. 封锁区队员即持拍队员，比赛双方各有两名。

2. 每名持拍队员双手各执一拍，可在封锁区内用球拍封挡、夹接、按压、挑拨由水区队员投来的球或其他形式的来球，以阻截球达到防守目的。

3. 持拍队员身体的基本姿势应正对或侧对水区（不允许面对持网队员），转身或移动的过程中亦不许将身体的正面朝向持网队员。

4. 封锁区地面是持拍队员身体及器械可接触的区域。持拍队员地面及空间的防守行为须遵守规则关于对持拍队员各款的规定。

（二）持拍队员规定

1. 持拍队员不得用手、臂及膝以下部位主动触球。

2. 获球后或将球封挡在封锁区内后应在5秒钟内将球用球拍抛传给限制区或水区内的同队水区队员。

3. 原地或跳起封挡球时，身体的任何部位（含器械）不得接触封锁区以外的地面，可以在封锁区内起跳封挡飞越边线上空的球后落到边线外，但向边线外跳起防守时仍受两条延长虚线的限制。可以在封锁区用球拍触及处于限制区内和隔离压内的球，不得在落地时触及隔离区地面或落入隔离区内。如落地时踏及封锁线或进入限制区应迅速返回封锁区。

4. 隔离区与得分区之间的界限（得分线）被看做是身体的。防守时持拍队员身体的任何部位（含器械）不得超过得分线的垂直面进入得分区空间或触及得分区内的球或与持网队员发生身体（含器械）接触。

罚则：

1. 违反规则1~3为违例。对方如抄（投）中，判给得分，违例不究。如果对方没有抄（投）中，按违例的罚则处理。

2. 违反规则4为技术犯规，不论对方抄（投）中与否，均判给对方一次点球和一次球权。

（三）得分区队员行为准则

1. 得分区队员即持网队员，比赛双方各有一名。

2. 持网队员手持一个抄网，可在得分区内抄采从水区投来的或防守队员未挡住的球，球合法抄入网后按规则规定判给得1分或2分。

3. 得分区地面是持网队员身体及器械可接触的区域。持网队员地面及空间的抄球行为须遵守规则中关于对持网队员的规定。

（四）持网队员的规定

1. 持网队员身高的限制：女队员身高不得超过1.90米，男队员身高不得超过1.95米。

2. 持网队员不得用手（持网手除外）、臂及膝以及部位主动触球。在得分区内，如不能一次抄球入网，可用抄网的任何部位（含持网的手）连续触球，以控制球并抄入网内。

3. 得分区与隔离区之间的界线（得分线）被看做是立体的。持网队员身体的任何部位（含器械）不得触及隔离压地面，不得越过得分线的垂直面进入隔离区空间，不得触及处在隔离区内的球。在得分区抄采整个球体越过得分线的垂直面进入得分区的球时，只有在不与对方持拍队员发生身体（含器械）接触的情况下，允许抄网的部分兜口和网兜越过得分线的垂直面。

4. 持网队员可以在得分区内起跳抄采飞越边、端线上空的球后落到边、端线外。但向边线外跳起抄球时球的位置、身体的落点仍受得分线延长虚线的限制。

5. 持网队员身体及器械的任何部位不得越过得分线的垂直面与对方持拍队员发生身体及器械接触。

罚则：

1. 违反规则2~4为违例。不论抄中与否不判给得分。按违例的罚则处理。

2. 违反规则5为犯规。不论抄中与否不判给得分。判给对方一次点球，按点球的罚则处理。

八、违例、犯规与罚规

（一）违例

1. 违例是违反规则。

2. 罚则是发生违例的队失去球权。将球判给对方队员在违例地点最近的边线外掷界外球继续比赛。罚点球时违例由对方队员在罚球点最近的边线外掷界外球继续比赛。封锁区、得分区违例由对方队员在违例地点就近的限制线终端的边线外掷界外球继续比赛。

（二）犯规

1. 犯规是违犯规则的行为，含有与对方队员的身体接触或违反体育道德的举止。

2. 对犯规队员要进行登记，随后按规则有关条款的罚则进行处理。

3. 一名队员不论侵人犯规或技术犯规共达 5 次时到通知后必须自动退出比赛。

侵人犯规：

1. 侵人犯规是不管在活球还是死球时涉及与对方队员非法接触的队员犯规。

2. 水区队员不准通过伸展他的手、臂、肘、肩、髋、腿、膝或脚，或将他的身体弯曲成“反常的”姿势来拉、阻挡、推、撞、绊对方队员以阻碍其行进；也不准放纵任何粗野或猛烈的动作。

3. 水区防守队员在防守时必须首先建立最初的合法防守位置。即：面对对手，两脚以正常的跨立姿势着地。合法的防守位置垂直伸展到他的上方，他可以将双臂举过头或垂直起跳。防守队员建立最初的合法防守位置，必须在占据位置前没有造成身体接触。一旦放守队员已建立最初的合法防守位置，他可以移动以便防守他的对手，但不得伸展他的臂、髋或腿以及通过做这些动作造成接触去阻止从他身边通过的运球队员。如造成身体接触是防守队员犯规。但进攻的持球队员必须预料对方的防守并必须准备停步或改变方向。只要防守队员在持球队员面前先占据了合法的防守位置，持球队员与防守队员的身体接触发生在躯干部位，是进攻的持球队员犯规。

4. 水区队员在防守对方无球队员时，必须考虑时间与距离的因素，不能特别近或特别快地在正在移动的对方队员的路径上占据一个位置。如果防守队员在占位时不顾时间和距离的因素并与对方无球队员发生接触，或虽然已占据了合法的防守位置，却不让对手通过而在他的路径中伸展臂、肩、髋或腿来与对手发生接触，是防守队员犯规。

5. 队员在水区以正常的姿势占据地面空间受垂直原则保护，在占位与身体接触中也受垂直原则限制。这个原则保护队员所占据的水区地面空间和他上方的空间或他垂直起跳时下方的空间。每一队员都有权占据没有被对方队员已经占据的任何水区位置，一旦队员离开了他的垂直位置并与已确立了垂直位置的对方队员发生身体接触，则离开了垂直位置的队员对此接触负责。

6. 掩护：是队员试图阻止同伴的防守者的防守行动，以使同伴摆脱防守的行为。掩护必须是在发生接触时掩护者双脚着地并且静止不动。不能在移动中与被掩护者发生接触，也不能在静立的被掩护者的视野之外进行掩护时与被掩护者发生接触。在静立的被掩护者的视野之外或被掩护者正在移动中进行掩护时，必须给被掩护者留出一步距离。如果在静立的被掩护者的视野之内进行掩护，只要不发生接触，掩护者可以尽量靠近对手。与建立了合法掩护的队员发生接触由被掩护者负责。

7. 非法用手：用手或臂放置在持球或不持球的对方水区队员身上，并保持与他的接触，或伸展手臂妨碍和阻挠持球或不持球的对方水区队员是犯规。如果队员确实是为了去抢球，在抢球中附带地接触了持球队员的手，不是犯规。持球队员不能为了获得利益用手臂或肘钩住防守队员，或运球时用伸展前臂或手来阻止防守队员获得球，不能为阻止抢球或为在他和防守队员之间造成更大空间而推开防守队员。

8. 封锁区的持拍队员和得分区的持网队员不得越区与对方发生身体或器械的接触。

违反体育道德的犯规：

1. 队员不顾及规则的规定在对方队员身上发生过分的接触（严重犯规），或队员有意用危险动作与对方队员发生身体接触为违反体育道德的犯规。

2. 猛烈拉、打、推对方队员通常是违反体育道德的犯规。

3. 持拍队员进入限制区与对方水区队员发生身体（含器械）接触或猛烈接触。

4. 持拍队员不顾及隔离区与得分线垂直面的限制，故意将身体的任何部位（含器械）越过得分线的垂直面进入得分区，与对方持网队员发生身体接触（含器械）或用球拍拍打对方持网队员与网。

5. 持网队员不顾及得分线垂直面与隔离压的限制，故意将身体的任何部位（含器械）越过得分线的垂直面进入隔离区或封锁区，与对方持拍队员发生身体（含器械）接触。

6. 持网队员抄球动作明显不是向球，而是打在对方持拍队员身上。

7. 在进攻方向的后场，持拍队员和持网队员在没有防守的情况下与对方发生身体（含器械）接触。

技术犯规：

比赛的正当行为要求双方球队的成员（队员、教练员、替补队员及随队人员）与裁判员及其助理人员有完美和真诚的合作。比赛双方均有权做出最大的努力来获得胜利，但胜利的取得必须符合体育道德精神和良好的比赛作风，任何故意的投机取巧性的再三违反本规则的精神的行为都是技术犯规。

队员的技术犯规：

1. 同裁判员、记录台人员或对方队员讲话或接触没有礼貌。

2. 使用可能引起冒犯或煽动观众的言语或举止。

3. 戏弄对方或在对方眼前摆手妨碍他的视觉。

4. 妨碍迅速地掷界外球以延误比赛或以任何方式阻碍比赛的正常进行。

5. 被判犯规后，在裁判员要求举手时不正正当当地举手。

6. 擅自更换比赛号码。

7. 替补队员进入场地没有报告记录员以及没有得到裁判员的招呼。

8. 离开场地去获得不正当的利益或进入不该进入的场区干扰与恐吓对方队员。

9. 持拍队员用球拍的侧面砍击球，或用力拍击球拍，抛掷球拍妨碍持网队员的正常抄球。

10. 持拍队员防守时将身体的任何部位（含器械）超过得分线垂直面进入得分区，妨碍对方持网队员抄球。

11. 持网队员抄采持拍队员已挡在封锁区内的球或已被夹接的球。

12. 持球队员故意抛掷抄球。

取消比赛资格的犯规（红牌）：

1. 任何违反体育道德的犯规、技术犯规中十分恶劣的不道德的犯规是取消比赛资格的犯规，将被出示红牌罚出场。

2. 教练员因本身违反体育道德的行为被登记了 2 次技术犯规，或因球队席人员违反体育道德的行为（登记在教练员名下）而被累积登记了 3 次技术犯规，或 3 次技术犯规中有 1 次是教练员本身的技术犯规时将被取消比赛资格。

（三）罚规

1. 对没有做投球动作的水区队员犯规，由受侵犯队在犯规地点最近的边线外掷界外球继续比赛。

2. 每半时，一个队的队员侵人犯规、技术犯规次数累计 8 次后，所有以后发生的队员侵人犯规（本条第三款除外）都要判罚一次点球，由受侵犯的队员执行。

3. 控制球队的队员侵人犯规，由对方队员在犯规地点最近的边线外掷界外球继续比赛。

4. 对正在投球的水区队员犯规，投（抄）中判给受侵犯的队得 1 分或 2 分，只登记犯规，不再处罚，按抄（投）球入网得分的规定继续比赛。投（抄）不中，判给受侵犯的队一次点球，由受侵犯的队员执行。

5. 对正在投球的水区队员犯规，球投出后，持网队员抄球时持拍队员又犯规，投（抄）中判给受侵犯的队得 1 分或 2 分。不论投（抄）中与否，再判给受侵犯的队一次点球和一次掷球权。点球由受侵犯队的队长指定队员执行。点球后由受侵犯的队在罚球点最近的变线外掷界外球继续比赛。

6. 抄球（含点球）时，持网队员对持拍队员犯规，抄中不能判给得分，判给对方一次点球继续比赛。抄采一罚一掷（违反体育道德的犯规、技术犯规、取消比赛资格的犯规）的点球时，持网队员犯规，抄中不能判给得分，中止点球并取消该队掷球权，判给对方一次点球继续比赛。抄网队员被判上述三项规则的犯规时，抄中能判给得分，如该队有后续的掷球权将被取消，由对方按上述三项规则罚则处理。

7. 所有比赛期间的技术犯规，违反体育道德的犯规、取消比赛资格（红牌）的犯规，不论犯规时投（抄）中与否（持网队员犯规并抄中不能判给得分），判给犯规队的对方一次点球和一次掷球权。点球由犯规队的对方队长指定队员或受侵犯的队员执行。点球后，由罚点球队在罚球点最近的边线外掷界外球继续比赛。

8. 由任何犯规造成的点球罚则，罚点球时任一持拍队员又犯规，如罚中判给得分。不论罚中与否，对犯规的持拍队员处罚黄牌规定的罚则。

9. 罚球过程中，防守队可能出现重复的处罚点球的罚则的犯规，此种情况下，随前面犯规而罚（抄）中应判给受侵犯的人得分。即使没有罚（抄）中，也只执行后续的犯规罚则，前面犯规的罚则不再续补。

10. 比赛前和比赛休息期间的任何技术犯规，均只判罚一次点球。在每半时或决胜期中圈发球前，先由犯规队的对方队长指定队员罚一次点球，不论罚中与否（点球时持拍队员又犯规除外），点球后中圈发球开始比赛。

第三篇　木球运动

第一章　木球运动概述

第一节　木球运动简介

一、对抗激烈

木球比赛由于场上人数少，比赛节奏快，运动员身体直接接触，对抗性强，激烈程度高，有助于增强体质和培养勇敢、坚毅、机智、果断、灵敏等素质。

二、木球运行轨迹变化大

木球比赛用球的球体形状与其他球类项目不同，球体两端呈半球形，中间为圆柱体，内部为木质圆柱体，外裹橡胶等物体，木球在其运行过程中轨迹无规则，并时有腾空变向，运动员在比赛中难以提前判断线路，从而要求运动员必须具备极强的应变能力。

三、易于开展

木球比赛的场地，其要求不高，只要在平整、无障碍物的长方形土质场地上就可比赛。另外它的规则极为简练，易为人所明了，便于普及开展。

四、身体素质要求高

木球比赛由于攻防转换快，要求运动员身体素质全面，力量、反应、灵敏、耐力、变向速度、判断力、腿部力量、腰部力量等都要全面发展。而且由于球体的相对不规则，对于熟练掌握运用基本技术和基本战术都增加了一定的难度。

五、观赏性强

木球比赛由于对抗激烈，球体运动的相对无规律，富有戏剧色彩，技战术复杂多样，攻防变幻莫测，胜负难以预料，具有全面发展人体各项身体素质，锻炼人们意志品质的特点，因此也具有较强的趣味性和观赏性。

第二节 木球运动的起源与发展

一、木球运动的起源

木球运动是人类在长期的生产活动与实践中逐渐形成和发展起来的，最初仅是一种游戏。从古代的一些记载和诗文、雕塑、绘画中常发现有近似于目前木球比赛打法的球类活动的描述。

资料显示，早在唐代就有“步打球”类游戏。当时作为官廷中的一种活动，多为宫女所为；北宋时期称其为“步击”，唐宋时期与木球同时流行的一类运动为马球。唐代将马球称为“马打球”，木球为“步打球”，即为马上和马下之分。《宋史·礼志》在记述马球盛况时附有一句“当有步击者，时令供奉朋戏以为乐”，可感觉马打球与步打球同样盛行。步打球比赛时分两队，队员各持下端弯曲的木棍徒步击球，以击入对方球门多者为胜。公元775年，唐代诗人王建曾作宫词，详细描述当时步打球的情景：“殿前铺设两边楼，寒食宫人步打球，一半走来挣跪拜，上棚先得谢头筹。”其中第一句意为在殿堂庭院的空地上设立两个球门；第二句为寒食节之日宫女们打球；第三句有将人员分两半比赛之意；最后一句意有在旁观看的皇族大臣奖励打进第一个球的一方。

现存于日本古都奈良正仓院博物馆的“步打球”画像，记载着当时打球的情景，该画像被织在两条花毡上，花毡长2.36米，宽1.24米，四周织有花朵，中央织一儿童，其余手持一球棍，做接球状态。《正仓院御物图录》说明上，把这个儿童叫“唐子样”，汉语即“中国儿童”。历史上，传唐代长安“内园小儿学打球”，这幅画反映了公元8世纪60年代初的唐代木球。据日本小高吉之郎《日本的游戏》记载，唐末“步打球”传到日本被称为“打球乐”。另有存于大英博物馆的一个唐初彩色花瓶，上面也雕有打木球的图案。

历史上，民间流行的类似于木球的活动，在许多地区都有所见，如在内蒙古草原上流行的蒙古族“捞捞球”、辽宁沿海地区儿童所喜爱的打螃蟹游戏、湖南江华瑶族自治县境内瑶族青年喜爱的木棒球、新疆维吾尔族青年喜爱的“帕普孜”等均与木球有着密切的联系。据湖南省江华瑶族自治县体委整理的资料，此项活动起源于清代顺治年间。传说在一次瑶族欢度传统节日时，有几个坏蛋向聚会庙堂乱扔石头，一位老者忍无可忍，举杖还击，将石头一一打了回去，击得坏蛋抱头鼠窜而去。从此瑶族人民认为杖击石头有自卫用处，于是纷纷练习，后来演变成有守有攻的游戏，用茶树削制而成的圆木球并取名为木棒球，也称木头球。此外，安徽北部山区牧童进行的一种“牧球”游戏也同木球很相近。1985 年，北京市首届少数民族传统体育运动就将木球正式列入比赛，当时的球是以棒垒球为比赛的用球。

作为回族的一项传统体育活动的木球，早期它只是回族青少年在放牧时玩的一种集体比赛游戏，娱乐性是其最主要的特点，但没有一个完整的规则，方法及称呼也有多种，如“打毛球”、“打篮子”、“赶木球”、“打木球”等。如“赶木球”，其比赛参加人数不限，先在场地上挖坑，坑口直径约 25 厘米，深 20 厘米，坑数比参加人数少一个。另置一长 20 厘米形同手电筒的短木棒做球。比赛时，每一坑前站一人，均持一长约 1 米的木棒，另一人则手持木棒，尽力将木球赶入任何一个坑内，而站在坑边者以棒阻拦。一旦木球被赶入坑中，所有守坑的人均需互换坑位，此时赶球者即趁机占坑，未抢到坑者就变为赶球人，以当赶球人次数多者为负。“打毛球”、“打篮子”参加者手持二至三尺长的厚木条，以球击中目标为得分。由于球的形状似木铆钉，故又称“打铆球”。“打木球”球棍为木制，长 60 厘米，手握部位周长 8 厘米，击球部位呈斜角形。球为一长 8 厘米、周长 10 厘米，两头呈椭圆形的木棍。球场长 30 米、宽 20 米，有一中场线，两边底部线中部各有一宽 3 米、高 50 厘米的木制门。比赛时双方各以同等人数出场，在底线处由裁判员召集双方各一人做“越级高”（端线发球）击球，以击球距离远近挑选球门，然后在中线开球比赛。每场 10 分钟，以进球多者为胜。比赛结束时，负方需罚“喝嗦儿”。即由胜方队员在球门处用棍将球击出，负方队员从端线跑向球落地，将球捡回，来回途中需发出“噢，噢”声，中间不准停歇，否则重罚“喝嗦儿”。一些地区也有在来回途中以单足蹦跳加“喝嗦儿”来完成，木球就是在上述几种游戏的基础上发展起来的。

二、木球运动的发展

自 1982 年第二界全国少数民族传统体育运动会以后，现代木球运动发展迅速。由于球呈椭圆形，球被击腾空触地后，其运行方向多变，增加了比赛的趣味性和观赏性。在 1986 年第三届全国少数民族传统体育运动会上，宁夏、湖南、新疆、北京等代表团均将本地区开展的“木球”比赛进行了表演。由于有比较完善的规则、较强的对抗性、观赏性和趣味性，受到了各方的关注，各省、区积极推广开展。在此基础上，1990 年 9 月由国家民委、国家体委委托宁夏回族自治区民委和体委首次举办了全国木球教练员、裁判员学习班，并举行全国 8 省区木球邀请赛。1991 年在广西南宁举行的第四届全国少数民族传统体育运动会上，第一次将木球列为正式比赛项目，有关的竞赛规则也得到了进一步的完善和发展。1994 年 8 月在云南昆明再次举办了全国木球教练员、裁判员培训班，同时举办了全国木球邀请赛。在第六届全国少数民族传统体育运动会前的1998 年10 月、1999 年5 月，先后在宁夏银川和北京举办了全国木球邀请赛，并在 1999 年 5 月的全国木球邀请赛之前再次举办全国木球教练员、裁判员学习班。2002 年 8 月由国家民族事务委员会、国家体育总局组织，于石嘴山市再次对规则进行了完善。

由于木球运动的比赛方法同现代体育项目之一的曲棍球和冰球运动有一些相似，而其器材和场地较曲棍球和冰球运动简单得多，因而在全国加以推广的潜力很大。通过开展木球运动，既继承弘扬了民族文化，又为曲棍球等运动提供了后备军，使木球运动由民族化向群体化发展，同现代体育运动接轨，成为全国各族人民体育运动的一个新内容，为促进全民健身做出自己的贡献。目前木球运动水平较高的有宁夏、河北、安徽、天津、湖南等省区。

历届全国少数民族传统体育运动会木球比赛简况：

1. 第四届，1991 年 11 月 11 日 ~18 日在广西壮族自治区南宁市体育场举行，共有内蒙古、宁夏、广西、河南、湖南、福建、河北、安徽、青海 9 支代表队参加比赛，河北、广西、湖南分别获前三名。

2. 第五届，1995 年 11 月 5 日 ~12 日在云南省昆明市海埂体育训练基地举行，共有宁夏、河南、湖南、福建、河北、云南、安徽 7 支代表队参加比赛，湖南与安徽并列冠军，宁夏队列第三。

3. 第六届，1999 年 9 月 24 日 ~30 日在北京市奥林匹克体育中心曲棍球场进行，共有宁夏、安徽、青海、天津、河北、河南、湖南、黑龙江、福建、北京 10 支代表队参加，天津、河北、湖南分获前三名。

4. 第七届，2003 年 9 月 6 日 ~13 日在宁夏回族自治区首府银川市隆重举行，宁夏、河北、河南、辽宁、北京等将近 10 支代表队参加，宁夏取得冠军、河北第二。

第二章　木球技术的教学与训练

木球的技术以多种单一技术为主，包括击球、停球、运球、推拨球、控制球和抢断球等。

第一节　击　　球

一、击球的分类

（一）击球分大力击球和轻击球两大类

1. 大力击球多用于向远距离传球，击发固定球（包括边线球、任意球和射门等）。

2. 轻击球多用于短距离传球，个人运球突破对方防守完成配合过人的技战术等。

（二）击球基本要领

1. 准备姿势和挥板（以从右向左击球为例）

两脚开立，略比肩宽，左脚应超过右脚均半脚距离，以左肩对正击球方向，两膝稍屈，挥板时，随手臂向右后方摆板动作，重心偏于右脚，在向前挥板的过程中，重心随动作由右向左脚移动，在板头触击球刹那间，身体自然前倾，左腿蹬伸。但身体不宜前倾过大，不要以身体的移动来带动击球板，而是随着击球板的摆动转体顺势移动重心，上体随击球板的运动而自然前倾或转体。击球时，击球板不要离地面过高，防止抡空或只打在球的顶部。太低则容易触击地面而削弱击球的力量。

2. 球的位置

（1）击静止球时，球应置于左脚内侧前方的 35 厘米左右处，击球板快接近于垂直地面时触击到球最有力量，并能随重心控制出球的方向。

（2）跑动中或球在运行中击球，应使球在身体前方或右前方，其他基本同击静止球时。

3. 击球的部位

由于木球球体为椭圆型，为达到不同的目的可触击球的中部或两端，通常在短距离传球时以击球的中部为主，击大力球则击打球两端。

轻击球挥板幅度，要求击球时双手握板柄的间距较大力击球要小，利用击球板的两面可推拨短促击球。

4. 身体位置的移动

木球的运行轨迹通常呈弧线行，因而参赛队员在比赛中不断地调整身体位置与行进方向，要求具备较强的体位变换能力，以便最大限度地发展运动员的技术水平。

另外，单手持板击球要发生在与对手争抢中的防守与拦截中的突发情况中应急而用，它的破坏作用较大，但其准确性和力量较低。

二、几种基本击球

射门：射门得分是比赛的最终目的，方式很多，可击打地滚球、空中球（低于膝关节水平面以下）、反弹球，也可通过角球、任意球、点球等方式。在射门时要求运动员头脑冷静、机智、有信心，击球动作快捷、准确、有力，并根据球的特殊变化而随机应变。

地滚球：在快捷运动中利用侧身滑步，以短暂的预备动作，根据球滚动的轨迹，及时判断调整人与球的距离，用击球板的板头击球射门或传球。

空中球：当空中来球位于膝关节水平面或以下高度时，击球队员准确判断球的空间位置和速度、来球方向，同时调整步点，侧身转体，挥摆击球板，用板头触击球体射门或传球。如球高于膝关节以上，只可被动挡球，待球落地后再进行下一个动作。

反弹球：当球反弹时，要准确判断反弹球的落点、落地时间和反弹起来的路线，快速以击球触击第一反弹点，快速将球射入球门或传球。此时侧身挥板，击球位置要比运球时更接触身体。

任意球或点球射门：通常击打球的两端，此时球的运行轨迹较直，较容易得分，但在规则允许的情况下，挥板的预摆动作要大，触击球的部位、用力方向要直。

角球：在角球的触击时，要根据球的不规则，即弧线滚动的特点，所发出的球要同端线呈 30 度以上的夹角，此项主要依靠协同队员配合来完成射门。

三、击球易出现的错误

1. 两脚站立过于平行，且太近。
2. 身体重心偏前，击球时身体转动不够。
3. 手握板过紧，动作僵硬，发力过早。
4. 球的位置距离身体不合适。
5. 动作僵硬而挥板抢空击球。

第二节　运　　球

运球技术是双手通过击球板对球的控制，有目的地使球保持在自己的控制范围内而做出的各种持续触球动作。它是运球过人的基础，也是个人技术中最重要的基本技能，还是个人进攻战术的组成部分。运球技术常在摆脱防守、组织战术配合、攻破对方防线时运用，对完成战术配合起重大作用。在实战中，运动员不易合理地使用运球技术，经常是运球过多或时机不当，不但影响进攻速度，也会为对手创造防守的有利位置而贻误战机，运控球和运球过人是制造得分的手段之一。

要使运动员在比赛中灵活变换进攻速度，调节节奏，积极运球摆脱和突破对方的密集防守，制造传球和射门的时机，就必须熟练掌握运球技术。

控球者周围均为控球者的活动范围和运球方向，控球者可利用手持的击球板板头的两面及两脊做出向左右拨运球、前后推拨球、前推左拨球、前推右拨球、右斜拉左推球、左斜拉右拨球、假左推真右拨球、假右拉真左推球、左右各一次推球假动作向右拨球等。

运球时机的掌握是运用运球技术的关键所在。这里所指的时机是：

1. 当队员突破最后一道防线又距离球门较远时，应直线推拨球运球前进。

2. 当本队由守转攻进行反击时，控球队员正面无对手阻截时，前方又出现空当时，应快速运球推进。

3. 当对手进逼封堵，暂无机会传球或射门时，球应向后或向侧空位推运，以避开阻截，扯动对手站位寻找空隙。

如队员在本方得分区附近控球且无传球时机时，为门前安全，避免失误，应向两侧运球。在比赛中，运球者应做到随时抬头观察保护球控制范围内，灵活运用运球技术。

一、双手运球技术

将球始终处于运球时，身体重心位于前脚掌上，身体前倾，双膝稍屈，双手握板柄，正手运球时左手握板柄上部，右手握板柄中下部，右肩低于左肩，两眼在低头看球时要随时抬头观察场上情况。

运球时，击球板底平行于地面以板头部位触击球，两腿行间交替迈步时身体不要起伏过大，保持水平移动，两臂相对稳定，运用手腕向内、外侧转动，两臂前后调整，通过身体和脚步的变化使球保持在身体的右侧前方或前方。

在快速运球跑动中，要将球推击出一定距离，即使球在滚动中始终位于身体侧前或前方。此外，由于球在被推击时，除前滚动外还会出现蹦跳等现象，造成方向变换，因而要求运球队员在完成第一个推击球动作后，紧跟球接着完成第二个推击球动作。实战中要根据对手的空当大小、对手距自身远近等决定运球方向、运球方式和推拨球力量大小等，灵活运用各种运球方法。

二、单手运球技术

单手运球技术是在球远离自己或有意将球远离自己摆脱对方的防守运用的运球技术。在比赛中，以自己习惯用力的手握板柄的上半部，使球位于比双手握板较远的位置，用正手或反手推拨球。在球被推击出后，身体和击球板要迅速跟上，并且随时根据球体的运行变化而改变体位。单手运球的身体重心较双手运球要高，单手运球多用于快速跑动并要突破对方防守位置时使用。

第三节 传 接 球

接球是指运动员有目的把用击球板板头将运行中的球停住，它是一项重要的基本功，是完成一切技术、技巧的基础。没有接球就没有各项技术，如果接不到球，任何战术配合及个人技术、技能都是空谈。接球的基本功要经常练习，不仅要做到能接各种来球，而且还要做到将球置于自己的控制范围内，以便完成下一个动作，除掌握原地接球外，还应练好运动中接球。场地质量的不同，其停球技术的运用也不同。接球是为传球、运球、突破过人及射门服务的。

接球队员必须具备良好的球感和很强的战术意识，并能在瞬间预测到比赛的发展情况，能判断出持球的同伴或对方防守队员的行动意图，从而决定自己应采取什么样的移动方式摆脱对方防守队员去接球，或为其他同伴创造机会去接球。接球者应在移动中选择接球位置，并注意主动迎球，做到球到点人到位，人到球到。

接球者还要注意在接球前先观察好场上的情况，以便有目的地衔接下一个动作，准确判断来球的速度、路线和方向；停球时，为了减弱来球的反弹力，击球板要做迎撤动作或做轻微下压、切和撤引板动作，以变换球的前进方向，抵消球的弹力，停球后身体重心必须移向控球范围，以便衔接下一动作。

做迎撤、轻微下压、切和撤行的动作时要掌握在与球接触的一刹那间进行，这样才能起到缓冲来球的力量和变换球的前进方向，这是停球的关键要领。

一、接球分类

接球可分为接地面球和空中球两大类。地面球包括接同队队员传球（地滚球、弧线球等），拦截对方队员间的传球；空中球包括远处为起点在空中直线来球和接近身体附近弹起两类球。

二、接球方法

主要有双手、单手握板的正手、反手接球。

根据木球竞赛规则，接空中球时，不能主动以身体或击球板触及膝部以上的来球，只可以击球板被动挡球，但可依据球距身体位置的远近，双手或单手持板，以板头部分拦挡或击射膝部以下的来球。

三、各种接球方法的基本要求

（一）正、反双、单手接球

1. 双手正面接球

左手握板柄上部，右手握板柄中下部分，两脚开立比肩宽并半蹲，身体前倾，直立板头，触球时击球板稍后撤并向前微下压。如来球急促，并有可能球路变线，此时左手位置不变，右手应握于板柄下部与板头交界处，两腿全蹲，击球板基本与地面接近水平（夹角小于30度），以使板头加大触球范围，同时击球板面微前倾，以提高接球的稳定性。正面接球时身体在球的正面或右侧前方。

2. 双手反面接球

握板方法不变，右手略靠近左手，当球在身体左侧前方时，左腿向球的位置跨步接近球，同时伸板反手挡压球，停住球后拨至右侧，继续下一个动作。

3. 单手握板接球

单手捏板正面（反面）接球多用于为增大控制球的范围而球又距离身体较远时，或同对方争抢处于不利位置时，右手握板柄上部，接球时手臂完全伸直，伸出击球板，以板头部分挡球，同时身体快速接近球并转换成双手握板接做下一个动作。

（二）正、反手接空中球

1. 正手接空中来球

身体和击球板上前迎球（板在膝部以下），板触球时略后撤引球或切击球，将球停于身前并控制球。

2. 反手接空中球

首先跨步迎球，球板触球时微下压将球停于身体前调整到位。

3. 单手接空中球

单手持板接球步法及触球同双手接球，但身体重心前倾要大些。

（三）接反弹球

首先跨步上前迎球，在球刚弹起瞬间以板头下压前，并接下个动作。

（四）摆脱对手正、反手接球

1. 正手接球

首先快速起动，摆脱对手举板上前迎球，停球的同时将球向后或向斜后方拉，以摆脱对手。

2. 反手接球

首先快速起动，右腿跨步上前伸板迎球，同时反手停球后推拨球以摆脱对手追球。

四、接球常见的错误

1. 停球没有迎球的预备动作，板头没有往后撤及下压动作，使球反弹过远，失去控制。

2. 击球板与地面成仰角，造成球触板后向上弹起。

3. 没有注意球的变化，缺乏随机应变能力，因球在体前的突变（弹起、走弧线等）而漏球。

4. 空中击挡球时，动作紧张而成空击。

第四节 推 拨 球

推拨球动作快速简练，平稳而准确，在与同伴的传接、个人运球中较多运用，分大力推拨球和轻推球两种，主要区别在于用力大小，推拨球动作有连贯性，没有预摆动作，因而控球较稳，而且具有突然、隐蔽以及方向多变的特点，无论跑动中还是静止中，都可运用自如。

一、准备姿势与摆板

眼睛注视周围情况，两脚左右开立，略比肩宽，两腿稍屈，双手握板，板头距离球 10～20 厘米，不需要向后摆板。

二、球的位置

球与击球队员的两脚约成三角形，即在体前 50 厘米处或在身体右侧前方。

三、推拨球的部位

为使球向前滚动，主要以推击球两端为主，运行中需手腕控制板头，连续不断推击，触击四个点的任一部位，击球时不要预摆，在击球板与球接触的情况下利用右手加力，左手向身体方向压板柄将球推击出。

四、推拨用力

短促的用力方向要平行于地面，触球的短时间要向前进方向推动，身体重心随板行前进方向移动。

五、推拨球常见错误

1. 上体过直。
2. 球离身体过远。
3. 击球板面大于直角。
4. 前进中球落后于身体。

第五节　抢　断　球

抢断球是指运动员防守中在规则允许的范围内，使用击球板的合理部位，把攻方控制的球或对方传、射的球抢下，截断或破坏掉的技术动作，目的即争夺球的控制权。抢断球是由守转攻的重要手段，是防守技术中的主要内容。

一、技术分类

抢断球分正面和侧面抢断两大类，握板有单、双手之分，用板击打、捅、挡等方法进行。

抢断球技术由判断、抢位、抢断和联结等动作组合而成。判断是成败的第一因素，只有善于观察对方的动作意图，及时准确地做出判断，才能抓住抢断的时机。抢断时机有两种，一种是对方个人控球企图越过防守，持球者已无法改变球的运行路线时，另一种为球正在对方传送的过程中。时机选择与位置有直接关系，而抢截动作又与时机的选择有密切关系。

抢断球要有合理的选位。抢球是在对方控制球的情况下进行的，在抢球前首先要观察对手的意图和控球所在的位置，选择有可能抢触到球的位置。由于正手防守强于反手防守，所以抢断站位应始终在持球对手的右前方，以伺机抢球。若对手已经运球向前推进而自己又距球较远时，应在封堵其运球路线、减缓其向前推进速度的过程中，进行位置选择和距离调整。断球是抢断对方传、射出来的球，因此，断球前首先要观察对方出球的性质，选择有可能断球的位置，断球的一般站位应选在对手和球门中点线连线之间稍偏向球的一侧。另外，选位动作要有突然性，以使对手无调整的机会。

抢断球动作的完成要迅速果断，将球控制在手意味着进攻的开始，要控制和处理好球。抢断球的基本原则是：不得因为自己的盲目行动给对方造成以多打少的局面。

抢断持球板可分为单手和双手、正手和反手、立板和横板等。

二、拦截球技术

拦截球是防守队员在合适的选位基础上突然出击，利用正手或反手推板挡住或破坏进攻者。

基本技术要求：截球者双手持板，随时调整与对手的距离，当持球者没注意或球将离板的一刹那，截球者出板击球，伸板动作要快而突然。但持板者触击球不要过于用力，便于得球进攻。断球者也可利用假动作，造成防守者分散注意力而获得抢断球的机会。

三、结合假动作抢断球技术

基本技术要求：结合伸板假抢的假动作造成持球者动作产生变化，将持球者引向自己的右侧，快速伸板抢断球。

四、正手抢断球技术

正手抢断球是抢断者将持球队员逼向右侧后，伺机用正手将球截获的一种防守技术。

基本技术要求：当持球者从自己右侧运球时，抢断者调整好与对手和球的距离，突然伸板挡停球，或将板横贴底面挡住来球。

五、正手板贴地封断球技术

正手板贴地封断球的基本技术要求：面对持球者相机选位，身体重心前倾，单手或双手伸板在身体右侧横板断球并控制球。

六、抢断球常见错误

1. 跑动中自身中心过于前倾，冲力过大，易造成对人犯规。
2. 身体选位不合理而先伸击球板，影响跑动。
3. 持板手过于紧张，发力不合理特别是单手持板，易犯规并使对手突破。

第六节 运球突破

在规则允许的范围内，为取得对球的控制权，要努力突破对方防守，以达到射门得分的目的。为此需要运用适时的个人控制球以寻找进攻机会，或者利用一对一的对抗突破对方的防守，制造射门的机会，这些都需运用运球技术和运球过人技术来完成。运球是个人控制球能力和个人进攻能力的集中体现，是完成战术配合和个人突破的主要技术之一。

一、动作要领

运球过人前的跑动要自然，身体重心要降低前倾，步幅小，频率快。这些要求应根据比赛的实际情况灵活运用，协调自然的跑动能使动作自如，变向、变速较易进行，身体重心低并前倾，便于实施突起和突停，变换方向时不易在对抗中失去平衡；频率快是为了便于随时变换动作，并能随时触到球以保持对球的控制，运动员在运球过程中要随时观察场上情况的变化，这样才有可能在临场发生突然变化时迅速采取措施。

二、运球中常见错误

1. 击球板两面触球不灵活，手提板过紧，板面大于或小于90度。

2. 板头触球时触击地面而减力，或触击球上层而不向所需方向滚动而使球落后于身体。

3. 击球用力不当，使球移动或方向失去控制。

4. 抬不起头而视野过小。

5. 人与球距离过近或过远，影响自身跑动速度。

6. 动作紧张而造成空击球。

第七节　基本技术练习

一、击球练习

包括固定球、运动中传球及射门等，重点体会身体重心的变化及人与球的位置等问题。

1. 原地击固定球，两个人之间不同距离的传击球，击球两端及中部，体会球击出后的方向变化。

2. 跑动中上前击固定球。

3. 击打运行中的球。

4. 多人多角度相对传球。

5. 多队交替传球，可成三路纵队接力传。二人一组行进间传接球，临近球门可结合射门。

6. 原地多角度射门。

7. 跑动中接传来球射门（接射体侧前方各位等传来球射门）。

8. 在干扰下的射门（在防守情况下射门）。

9. 随球滚动向前跟进射门。

二、推拨球的技术练习

首先要使练习者明确拨球是传、接球的最基本的动作，首先要从握板开始学习，根据击球板的特点（全长 70 厘米，分板头和板柄两部分），手握部分和触球部分有明确的划分，了解并掌握基本的握板法。

练习方法提示：

1. 先正确掌握持板要领并正手挥板在身体的前方（由右向左击球）。

2. 以推拨触及球体两端或中端，观察球的运行轨迹，了解球体运行特点规律，为使球体方向能成直线，应推击球体两端，击中部易呈弧形滚动。

3. 在限定区域内进行推拨球练习，体会以手腕活动为主的用力轻重。

4. 两人迎面接力进行推拨球练习。

5. 自己转动体位向各方向移动的同时推拨球。

三、接球练习

接球是进攻或防守队员在接应同队队员传来球或截断对方进攻，实现自己的技战术意图而使用的基本手段。接球技术运用的好坏，以及时机掌握得是否合理，关系到全队攻防局面的控制力。接球练习应从原地练习开始，并在运动中掌握在无规律运行的木球滚动时的特点，掌握板触及球，以及传球与步法相结合。

练习方法提示：

1. 原地模仿，击球板板面前倾压球，横板接球。

2. 接抛来地滚球、蹦跳变线球时，以板面下压停球，停球结合射门。

3. 接空中飞来球，以击球板板头被动性挡球，落地后停球结合传球或射门。

4. 停弧线滚动球判断抢位。

四、抢断球练习

有效而合理的抢断是建立在准确的判断、快速的移动及合理动作的基础上，也是同伴之间相互协作的结果。在练习中要强调抢断球时身体重心的移动，步伐快捷，伸板时机掌握合理及单、双手持板的选择，并要保持身体的平衡，当抢断球不成功时，要以最快的速度恢复正确的防守姿势和重新选位。

练习方法提示：

1. 两人一组，一人原地控球，另一人做抢球练习。

2. 两人一组，相距 4 ~6 米站立，中间放一球，按教练员的手势，两人同时做向前跨步抢球动作。

3. 两人一组，相距 10 米。一人向前直线带球，另一人做正面跨步抢球。

4. 队员分成两组站在中场。当教练员把球向前传出时，两人立即起动追球并抢断，抢到球者快速运球射门，没有抢到球的队员采用各种方法进行封堵，直到对方射门为止。

五、运球练习

运球练习要求队员在控制球时，视线要随时注意场上的情况，以便根据场上情况及时传球、射门或者改变运动速度和采取行动运球突破对方防守等。在运球突破防守时，要注意步幅小，身体动作要协调，使球始终处于自己的控制范围内，在进行运球与过人动作时，要与下一个动作紧密衔接起来。

练习方法提示：

1. 走与慢速跑动中运球，体验基本动作。

2. 直线运球，迎面交替运球。

3. 曲线运球，绕障碍练习，个人练习或成对练习。

4. 依教练员口令、口哨或手势变方向或变速度运球中扩大视野。

5. 一对一练习运球，防守者被动阻截。

第三章 木球战术的教学与训练

木球比赛的阵形，以队员在场位置的排列和职责分工，可分为前锋、中锋、后卫等，由于场上没有守门员，因而后卫的防守任务较重。场上人数少，也要求每一名队员都要具备攻防的能力。场上的阵型可有“三二”、“二一二”、“二三”、“一二二”等不同站位。阵形必须与战术内容相统一，特别要与本队的技术技能、战术意识、身体素质、心理状态和全队的特长相适应。

第一节 常见的木球战术

1. 边路下底传中战术

近似足球打法，利用场地的宽度，启用前锋的速度从两边闯开缺口，带球下底传中射门，是最常用的战术之一。两翼的拉开，常为中路突破创造机会，如此战术运用的合理，将使全场战术打活并取得主动权，这是一种常用的战术。

2. 防守反击战术

全面固守，利用对方全线压进，伺机抓住对方后方的空虚，以长传等简捷方式快速反击。无论在敌强我弱，还是在势均力敌的情况下，均能成功打开局面。

3. 转移包抄战术

虽然比赛中进攻的方向应该始终向前，但实战中也可回传后在转移进攻方面，利用三角配合式长传转移，由另一侧包抄突破或射门。

4. 固定球战术

在罚球区内或附近地域，利用规则，迫使对手犯规或违例，制造端线交叉点球（端线发球点上的发球）、任意球、点球或利用门前任意球、角球和边线球等机会，创造得分机会。

5. 破坏性战术

多用于守方，以维持现有场上局面为主而采用，干扰进攻并将球击出边线或端线，伺机偷袭进攻。

第二节　进攻、防守战术

一、攻守战术

个人战术包括：传球、假动作摆脱、跑位射门和选位盯人、封堵抢断等。

（一）假动作

1. 无球假动作

无球假动作包括变速、变向和抢断三种方法。

变速假动作：动作由慢变快。可先慢跑诱使对手放慢跑速，然后突然加速快跑，摆脱对手。

动作由快变慢式突然急停：可先快跑诱使对手加快跑速，然后突然慢跑或急停，使对手产生惯性冲力，不能立刻急停。

变向假动作：采用变向、折转等方法，如先左后右，先撤后切等。一般向假方向跑动时速度稍慢，变向时速度突然加快，实际上是既变向又变速。

抢断假动作：抢断球时可先向左（右）侧佯做抢断球动作，诱骗对手以假当真，当对手企图改变方向从右（左）侧运球或传球时，再突然向右（左）侧方抢断球。

2. 有球假动作

传球前假动作：准备传球时，如对手迎面跑来抢断球，可先做佯传动作，诱使对手选择错误的堵截路线，然后改变方向传球。

接球前假动作：准备接球时，如对手正面或侧面跑上来抢球，可先做佯传球动作，迫使对手停下来伸板堵球，接着将假传球改为真停球，把球运走或传出；也可先佯做向左（右）停球，接着突然变为向右（左）停住球。如对手从背后跑上来紧逼，可先向左（右）侧做虚晃动作，诱使对手也向同侧移动伸板，接着突然向另侧摆脱后停球。

运球过人假动作：对手迎面抢球时，可先用板将球向左（右）推按或身体和击球板虚晃，当对手向同侧移动并伸板堵截时，突然将球拉向另侧运球过人。

对手在侧面抢球时，可先快速运球，诱使对手快速追赶，运球者突然降低速度或急停住球，诱使对手也放慢速度或超越自己，然后再突然加速或变向运球甩开对手。

（二）摆脱、跑位、接应与传接球

当本队做进攻配合时，每个队员都时刻面临着不是摆脱、跑位、接应，就是传接球，不断重复交替的传接与跑位直至进攻结束。这种个人的跑与传是进攻配合过程过的重要基础。空当的选择，穿跑时间的掌握，意识的强弱，直接影响到全队配合水平的高低。

1. 摆脱：当本方队员得球时，同队队员应积极摆脱对手的防守给予接应，为同伴创造传球的机会，争取突破射门得分。无球活动是进攻战术配合的重要条件。木球运动对无球活动的要求是突然快捷，频繁换位，扩大范围，时刻处于运动中，无球活动的摆脱是战术意识、战斗意志和身体素质的综合反映。

摆脱的要求与方法：

观察周围双方的情况，选择空当，相互间起动有先后队员抬头观察的瞬间，突然起动摆脱对手。

空当是否存在决定于攻防队员的摆脱活动。如果不动或活动缓慢，那么出现空当的可能性就很小，甚至没有，关键在于插向空当时，要使传球队员能看到所插入的空当，并有将球传向空当的可能，否则就起不到作用。

摆脱要求队员突然起动冲刺，或者是以假动作变向、变速的摆脱。第一种运用简单，第二种则要求较高的战术意识和更强的身体素质。在运用假动作摆脱对手时，要在传球队员做传球前的观察以前完成动作并基本到位。摆脱是一个连续不断的动作，要反复地接应穿插，切忌停顿。在摆脱并可能接到球之前，要对下一个动作的衔接是传射还是继续突破过人，从心理上做好准备。

2. 传球：传球的好坏，起先导作用的是传球意识。如配合中是否形成空当，是否摆脱了对手，对方空当处是否还存在等。当空当已形成，传球的时间要及时。传早或传晚都会造成失误。传球点要能使插入空当的队员既能发挥出速度，又便于接球队员衔接下一个动作。所以传球的好坏取决于传球意识和传球技术，这两者必须兼而有之。传球的目的是向前推进，理想的是能快速传到空当中形成突破，遇到不能推进时，要有必要的横传和转移，最终目的仍是推进。

传球的要求与方法：

当同伴摆脱对手插向空当时，持球队员必须传球，不能独自显示自己的运球过人技巧，那将影响全队无球活动的积极性。

遇到对手紧逼而背向接球时，接球队员要突然摆脱对手，横传或回传给附近接应的队员。

在几种传球机会同时存在时，原则是向前传。在后场、中场和前场三个不同场区的传球，其方法有不同的要求。

后场得球由守专攻时，由于对方处于进攻转入防守的交替间，可采用中传或者长传发动进攻，快速将球传给前锋，此方法效果最好。

在中场得球后组织进攻是渗透推进，快速灵活多变战术的开始。传球手段要以中、短传相结合，兼用横穿。此方法较为有效。

在前场得球时，因对方缩小防区，紧逼盯人的程度加剧，因此要多运用直接传球的配合，突入罚球区，同时结合中传球。总体从短传小配合为主结合长传效果最好。传球后要迅速选位跟上接应。跑位和传球配合的意图第一时间要吻合，传球要恰到好处。

（三）选位盯人

1. 有球紧逼无球松动防守

即对有球对手或有球区域防守要紧逼住人，对无球或无球一侧防守相对松动。防守队员站位靠有球一侧，以防止对手插入和便于保护同伴。

2. 要中间放两边

中间部位正对球门，两边则易防守。当对方从中路进攻时，两侧的队员要稍往里收靠中央，迫使对方向两边转移，然后再组织力量在边路区域逼抢。

3. 相互保护

邻近同伴相互间的保护，补位换人防守是阻挡对方进攻的有效措施之一。但要注意的是在同伴能防住对手的情况下，不要过早去补位；尽量以邻近的位置相互补位，不要牵涉更多的防守队员交换位置，如需要补位防守时，被突破的防守同伴一定要撤回补同伴补位后出现的空当。

（四）抢、断、堵、捅

1. 抢球

对手刚接到球的一刹那，对手尚还来不及处理球时，就争抢之。抢球的时机是：对手准备接球；对手主动迎球，接球动作较慢；对手原地接球或空中接球；不规则球；对方传球不准或球速缓慢。抢球时除判断准、行动快以外，还必须要有勇猛的气势。

2. 断球

在对手接球前，抢先断截到球，断球队员要预测到对方传球意图，断球前突然起动，动作要敏捷。在断球跑动的路线上，要排除对方的干扰。断地面来球时应在断球后将球带向自己跑动的方向或直接传给同伴。断空中球时应将球先断下，尽快将球控制住。如断球不能实现时，就应当争取把球破坏掉。

3. 堵抢

当对手已得球并控制住球时，防守者不能轻率盲动地伸板猛扑，而要保持好适当的距离，重心下降，将对手置于自己正手防守范围，观察对手控球的破绽，伺机再抢。如对手运球前进时，防守要相应后退，后撤的速度要与对手行进的速度相一致，以保持距离防止对手快速运球强行突破。在退守中要观察对手的真实意图，不要轻易被假动作所迷惑。这种防个人运球突破是被动而较困难的，因此动作要稳健，看准后再行动。盲目堵抢易被对方突破。

4. 捅球

为弥补时间与位置上的差距而采取的主动行动，在对手回撤接应控球时或球距自己较远时，采用捅球方法，可破坏对方得球稳定性。捅球后防守队员要迅速恢复正常的防守状态。

5. 前、侧扑倒地横板挡球

为提高争抢中拦截球的可靠性而被迫采取的行动，当双方争抢中球速较快，而立板又不可靠时或来球距身体较远时，可前扑、侧扑或跨步侧扑，单手使击球板横躺与地面平行，以板头部位拦截球，停住球后，身体重心快速跟上，进行下一个动作。

二、区域的战术配合

区域战术配合，是指2~3名队员之间有目的、有组织地通过良好的协同组成简单的配合。

(一) 进攻区域的战术配合

1. 传切配合

当控球队员向防守队员身后的空隙传球时，另一进攻队员越过对手，切入得球。传切配合是2~3名队员利用传球和切入组成的简单配合（踢墙式二过一）。一般都在对方利用人盯人防守时或防守队员只注意球或失去正确防守位置时，利用各种假动作摆脱、超越对手，实施区域配合。

(1) 传切配合战术的运动顺序：

进攻队员传球后，运用假动作摆脱对手并迅速超越——侧身切入随时准备接球——同伴接球后运用假动作快速及时，隐蔽准确地传球给切入队员——切入队员接球后射门或继续进攻——传球者跟进补门或接应配合。

(2) 传切配合要求：

① 按战术特点选择进攻位置，按战术转移路线跑动，队员间密切协作。

② 切入队员要合理、灵活地运用假动作或速度，掌握好时机，摆脱对手，快速切入防守者身后，并侧身看球，随时准备接球进攻。

③ 传球队员随时观察切入队员的行动意图，快速、及时、隐蔽、准确地传球。

2. 换位配合

持球进攻队员或无球队员相互间变换位置，造成防守混乱，出现空当，从而创造进攻机会。一般在防守方盯人时采用此战术效果较好。

(1) 无球换位配合

为接应持球者的传球，无球者个人向对方队员防守位置的空当或两名无球队员在对方防守队员前交叉换位，主动摆脱对方防守，接同伴传来球，持球者将球传入本队无球队员跑入的空当，然后与其换位跟进配合。

（2）有球换位配合

持球者主动摆脱对手向邻近同伴前面空当运球，造成同伴对手协防，这时同伴摆脱对手与持球者换位并准备接回传球继续进攻。或者邻近同伴主动摆脱对手向持球者前面跑去准备接球，造成持球同伴的对手协防而持球者迅速利用同伴拉出去的空当运球与之换位。

换位配合的特点及要求：

① 无论是持球队员还是无球队员的主动换位，其目的是为了给同伴拉出空当。因此，换位时要快速，无球队员在换位时的移动要侧身随时准备接球。

② 持球者传球要结合假动作，传球要突然、隐蔽、及时到位。

③ 持球和无球队员在换位前摆脱对手时要结合假动作，换位后应保持在始终能看见球的情况下急停转身准备下一次配合。

④ 在实际比赛的运用中，应根据场上的情况，将有球换位和无球换位交替运用。视野要开阔，配合时机要及时，配合行动要默契。

3. 突破分球配合

突破分球配合是进攻队员运用运球突破技术超越对手受到阻截或遇到对方补位、换人防守时，及时地将球传送给已摆脱防守（或无对方防守）的同伴，以便同伴获得进攻的机会。这种突破分球配合一般多在对方采用人盯人防守时运用。

（1）突破分球配合战术的运行顺序：

进攻队员运球突破——防守队员阻挠或被吸引过来补位——合理、快速、及时分球给附近同伴——同伴接球射门或传球——分球队员跟进补门或跟进配合。

（2）突破分球配合的要求：

① 运球突破队员技术动作要突然、合理、快速、及时。有时可有意向两个防守队员之间运球突破，以吸引对手给同伴创造机会，突破对手或吸引对手防守补位后，分球给同伴，同时自己准备好其他进攻手段。

② 运球突破中，应根据同伴摆脱对方和对方防守补位情况进行分球。

③ 突破队员的邻近同伴要默契配合，准确判断，掌握时机摆脱防守，迅速移动，抢占有利的进攻位置准备接球进攻。

④ 配合中要注意观察攻守队员的位置变化，合理地运用突破分球技术。

4. 掩护配合

掩护配合是进攻队员选择正确的位置，用自己的身体以合理的技术动作挡住防守同伴的对方队员的移动路线，使同伴借以摆脱防守，获得进攻机会。

掩护配合一般在对方人盯人防守时运用。特别是在对方罚球区附近，对方防守盯人较紧时，离球较远的同伴相互间利用掩护配合，造成对方防守混乱，交接人不清，进而摆脱对手，接球射门或进行其他配合。采用该战术时要防止离球太近时的掩护配合造成阻挡犯规。

（1）掩护配合战术的运行顺序：

进攻队员（掩护者）有目的地以合理的技术动作去帮助同伴——借助同伴的帮助摆脱对手后接球或切入接球——接球后射门或进行其他的配合——掩护者转身观察球的路线，选位或射门。

（2）掩护配合方法和要求：

① 前掩护：掩护者跑到防守同伴的对方队员前面，用自己的身体挡住防守者的移动路线，使同伴摆脱防守接球，获得进攻机会。

② 侧掩护：掩护者跑到防守同伴的对方队员侧面，用自己的身体挡住防守者的移动路线，使同伴摆脱防守接球，获得进攻机会。这种配合运用最广泛，且效果较好。

③ 后掩护：掩护者跑到防守同伴的对方队员身后，用自己的身体挡住防守者的移动路线，使同伴摆脱防守接球，获得进攻机会。掩护者与同伴配合之后应迅速转身跑进配合进攻。

④ 定位掩护：掩护者选择有利的合理位置不动，另一进攻队员诱使对手跟随移动，主动利用掩护者挡住自己的防守者的移动路线，借以摆脱防守，获得进攻机会。

⑤ 行进间掩护：两个进攻队员在移动中运用合理的方法，造成防守队员相互挡住移动路线，进攻队员借以摆脱防守创造进攻机会。这种配合是在行进间的来回穿插中形成的，对时间性要求较强烈，队员间要有很好的默契配合才能得到成功。

（3）掩护配合的特点要求：

① 掩护配合是借助同伴的帮助而获得摆脱对手防守的进攻机会的方法。被掩护者（掩护者的同伴）应善于利用同伴（掩护者）的帮助而出现的进攻机会，不失时机地、快速而合理地完成进攻动作。

② 掩护者应跑到同伴防守者移动的必经之路上站立，距离约半步，两脚平行开立，稍比肩宽，两膝微屈，上体稍前倾。注视防守者与同伴，根据配合需要转身护送，并积极参与配合进攻。

③ 掩护者与被掩护者，以及同伴（指配合队员）都要以进攻的动作吸引防守，隐蔽掩护配合的意图，充分发挥进攻的威力和作用。

④ 掩护配合中要求队员间配合严密，协调默契，把握时机，灵活多变。

5. 策应配合

策应配合是指不持球同伴主动摆脱对手到空当接球或拉出空当让同伴接球。一般在对方采用紧逼人盯人防守时，在发外界球、任意球等固定球时采用。

（1）策应配合战术的运行顺序：策应队员有目的地摆脱对手，抢占有利的位置接球——传球者合理及时传球或策应者拉出空当传球，然后跟进配合——策应者的球后进攻或直接传给传球者进攻、射门。

（2）策应配合要求：

① 策应队员策应前，应合理运用速度或假动作摆脱防守，抢占有利位置，并主动近前接球或直接传给同伴。

② 策应队员接球时，应注意观察或用余光判断防守队员和同伴的位置，遇机会及时传球给同伴或寻找进攻的机会。

③ 策应队员传球后，要迅速调整身体跟进射门或进攻。

④ 策应队员的邻近同伴应运用速度或假动作摆脱对手接应球或切入，以便获得良好的进攻机会。

策应配合中应注意传球技术动作的正确合理，并做到快速及时，隐蔽准确，人到球到，球到人到。每名队员在场上始终处于运动中。同伴之间通过合理的移位，使自己始终处于主动位置，调动对方，拉出空当来完成进攻。

（二）防守区域的战术配合

1. 保护

防守队员之间必须进行相互保护，协同防守。当距球较近的同伴逼抢持球的对手时，邻近的队员应撤到同伴的侧后方进行保护，对手一旦越过同伴的防守，便可随时补位。

2. 补位

一种是补空位：

后卫插上进攻时，应有一同伴暂时补他的位置，以防在后卫插上进攻失误时，对方利用这一空当进行反击。

一种是相互补位：

交换防守，这主要是指临近两个同伴之间相互交换防守，这样能减少漏洞。补位的队员一般比被补位的队员更接近本方球门，这样当同伴被对手突破时就能及时补位。

3. 夹击围抢

夹击围抢是指比赛中场上某一位置，防守一方利用人数上的相对优势，通常是2~3名队员同时围抢对方的持球队员，以求在短暂时间内达到抢断球或破坏对方的进攻。

夹击围抢的时机、条件：

（1）速度较慢，短传、横传、个人运球较多时，有利于夹击围抢；

（2）相对侧重于一点，缺乏转移打法时，是组织有利夹击围抢的时机；

（3）区的四个角球区周缘，中场的两个边路是夹击围抢的有利地区。

第四章 木球竞赛规则

木球为男子项目。每场比赛由两个队参加，每队出场5人，每人手握击球板，运用传球、接球、运球和击球射门等技术，避开对方防守，将球击入对方球门得分，并用抢断球等防守技术，阻止对方得分。比赛结束时，得分多者为胜。

第一节 比赛时间、场地、器材

一、比赛场地

比赛场地为平整、无障碍物的长方形，土质或人造草地等均可，长40米，宽25米。场地丈量从界限的内沿量起。

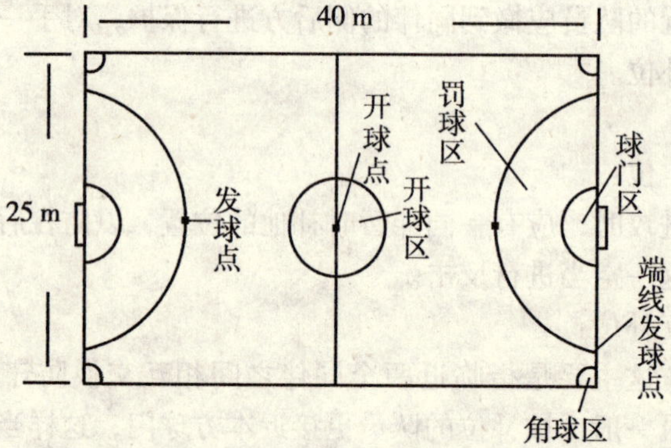

1. 界线

比赛场地有明显的界线，长边叫边线，短边叫端线，线宽均为10厘米，场地四周至少3米内不得有任何障碍物。

2. 中线、开球区和开球点

中线：连接两条边线的中点，画一条10厘米宽与端线平行的线为中线。

开球区：以中线的终点为圆心，4米为半径画一个线宽10厘米的圆为开球区（从圆周围外沿量起）。

开球点：以中线的中点为圆心，画一个直径为15厘米的实心圆为开球点。

3. 球门区线、球门区、球门和球门线

球门区线：以端线的中点为圆心，2. 50 米为半径（从外沿量起），向场内画一条线宽 10 厘米的半圆线为球门区线。

球门区：端线与球门区线之间的区域为球门区。

球门：球门应牢固地设置在端线内沿中点处，两门柱内沿之间距离 1. 80 米，横梁下沿至地面 0. 80 米，门框呈圆柱形，直径为 4 ~6 厘米，球门后装球网，球网应撑起，下端固定，球门与球网呈白色。

球门线：两个球门柱内沿之间的连线为球门线，线宽同端线，内沿与端线内沿重叠。

4. 罚球区线，罚球区和罚球点

罚球区线：以端线的中点为圆心，以 8 米为半径（从外沿量起）向场内画一条线宽 10 厘米的半圆线为罚球区线。

罚球区：罚球区线与球门区线之间的区域为罚球区。

罚球点：以端线中点垂直向场内 8 米处（在罚球区线上）画一个直径为 15 厘米的实心圆为罚球点。

5. 角球区和端线发球点

角球区：以边线和端线的交点内沿为圆心，0. 50 米为半径（从外沿量起），向场内画一条 10 厘米宽的弧线分别与边线和端线相交，该区为角球区。

端线发球点：罚球区线与端线的交点为端线发球点。

二、比赛器材

1. 球

球体长 9 厘米，圆周长 18 厘米，球体两端呈半球形，中间为圆柱体，长 5 厘米，两端顶部距圆柱平面距离分别为 2 厘米，球体内部为木质材料制成，外部用柔韧的材料包裹。球体重量为 100 ~130 克，木球呈鲜明的颜色，应与场地、器材有明显区别。

2. 击球板

击球板用较硬并有一定韧性的木质或非金属合成材料制成，全长为 70 厘米，由板柄和板头两部分组成。上部手握部分叫板柄，长 40 厘米，宽 4 厘米；下部击球部分叫板头，长 30 厘米，上宽 4 厘米，底宽 9 厘米，板头的两个角呈圆弧形，击球板厚 1. 5 ~2 厘米，重量不得超过 520 克。木质击球板板头应缠裹胶带或其他非金属保护物品，以防击球板断裂。

三、比赛时间

1. 全场比赛时间为 40 分钟，分上、下两个半场进行。每个半场时间为 20

分钟，上、下半场中间休息 10 分钟。

2. 比赛结束，两队比分相等时，进行加时赛，时间为 10 分钟分上、下两个半场。每半场 5 分钟，中间不休息；下半场与加时赛中间休息 5 分钟。

3. 比赛开始前

（1）应以抛币方式选定开球或场地，先挑的一方有开球权或场地的选择权。在裁判员发出信号后，由开球队的队员将球放在开球点上开球，击球前双方队员不得越过中线（发球队员可以骑跨中线），防守队员不得进入开球区。

（2）每进一球后，应由失球方队员以同样方式重新发球。

（3）下半场或加时赛下半场开始时，两队应互换场地，并由上半场开球队的对方开球。

4. 比赛结束

记录台发出比赛时间结束信号，比赛即告结束。球在空中运行或地面滚动中，都表示比赛结束。行罚点球，应延长时间至罚完点球为止。

5. 更换击球板

比赛中队员击球板损坏后，必须立即双手持板上举，向裁判员示意，经允许后才能更换，不得持坏板参加比赛。

第二节　发　球

一、发球

发球队员在执行各种发球或点球时，必须将球一次击出，发球时防守队员应退出 4 米以外。

1. 界外球

（1）当球触及边线或端线时为界外球。由对方队员在球出界处或端线发球点发界外球。

（2）发边线球时，发球队员应将球放在边线上，将球击入场内（发球队员可骑跨边线）。

（3）发端线界外球时，发球队员应将球放在端线发球点上发球（发球队员可骑跨端线）。

2. 角球

（1）守方队员将球击出本方端线，由攻方队员在球出界一侧的角球区发角球。

（2）发角球时，球的整体必须放在角球区内（发球队员可骑跨界线）。

（3）角球可直接得分。

3. 任意球

（1）当一方队员发生违例或犯规时，由对方队员在违例或犯规地点发任意球（罚球区内除外）。

（2）任意球可直接得分。

4. 点球

比赛中，当球在罚球区或球门区内时，防守队员在该区内犯规，均判罚点球（由进攻方罚点球）。罚点球时，将球放在罚球点上，除主罚队员外，其他队员须退出到罚球区。罚点球未得分时，则由防守队员在端线发球点发球。

5. 争球

（1）争球的判定

当双方队员同时使球出界；当双方各一名或多名队员形成在原地抢球或用击球板同时将球夹、压住时；当双方队员同时违例或犯规时；当球在球门区内成死球时；比赛中当裁判员因特殊情况停止比赛需恢复比赛时。

（2）争球的执行

双方各一名队员之间造成的争球，由发生争抢的两名队员进行争球；双方多名队员共同造成的争球，由参与争抢的双方队员中任意一人参加争球；如参与争球的队员要被替换下场，应待争球结束并成死球后，才可进行替换；如争球的队员因伤不能继续比赛，可由参赛队指定场上一名队员参加争球；参加争球的双方队员，分别站在裁判员指定的争球地点两侧，其他队员站在距争球地点4米以外，裁判员单手持球于双方队员之间，使球自由下落，球触地后，双方即可抢、击球。在罚球区内发生争球时，应移到最近的罚球区线上进行争球；争球可直接得分。

第三节　时间通则

一、开动和停止计时钟

（一）停止计时钟

1. 暂停。

2. 换人。

3. 记录台鸣笛。

4. 比赛结束。

5. 遇有其他特殊情况，裁判员认为需要停止比赛时。

（二）暂停

1. 上、下半场和加时赛每队可各要求一次暂停，每次暂停时间为1分钟。

2. 暂停在死球时执行。

（三）换人

换人时必须由教练员向记录台提出，替补队员须提前做好替换准备，在比赛成死球时执行，换人次数不限。

（四）秒钟规则

队员在中圈开球、发界外球、任意球、角球、点球时，在取得球的控制权及裁判员鸣哨后5秒种内应将球击出。

第四节　违例、犯规和罚则

一、违例及其罚则

（一）比赛中出现下列违反规则的情况应判违例

1. 中圈开球时，当裁判员鸣哨，发球队员击球前，双方其他队员越过中线，防守队员进入开球区或进攻方两人以上（不含两人）进入开球区。

2. 在执行发球时，裁判员鸣哨后5秒钟内未将球击出。

3. 在执行发球时，击球板一次击球击空，击球后球移动距离不足10厘米或击球后未经其他队员触及，再触球。

4. 在执行发球时，裁判员未鸣哨而击球。

5. 争球时，球未落地前一方或双方争球队员触及球。

6. 空中击球（膝关节以上的球只许挡，不许击）。

7. 击球前后，击球板板头超过肩部。

8. 一手握板头，一手握板柄击球或用板柄击球。

9. 向上击球或挑球。

10. 队员有意用身体任何部位阻挡球。

11. 执行中圈开球或发界外球直接得分。

12. 在场上任一区域防守、进攻时，采用单、双手或单、双膝着地，以及卧、跪、坐等不合理动作。

13. 比赛中队员在边（端）线外击场内球。

（二）罚则

1. 发界外球的违例，由对方在原点发界外球。

2. 上述条款的违例，发生在罚球区外时，由对方在违例点发任意球。

3. 攻方队员在罚球区内违例，由守方队员在就近的罚球区线上发任意球；守方队员在罚球区内违例，由攻方队员在就近的端线发球点发任意球，除守方队员1人可在罚球区内防守外，双方其他队员均需退出罚球区。

二、犯规及其罚则

（一）比赛中出现下列违反规则的情况应判犯规

1. 使用推、拉、绊、撞、踢等不合理的身体接触。

2. 带有危险动作冲撞对方球员。

3. 用击球板勾、扣、打击对方击球板或身体。

4. 扔击球板或手中无击球板干扰对方进攻或防守。

5. 举击球板威吓或是用击球板阻碍对方队员行动。

6. 有意用手抓球，用脚踩球、踢球或用身体压球。

7. 在比赛中，队员身体任何部位触挤球门区地面或球门（除击球板外）。

8. 用击球板砍击球。

9. 从两腿间向后击球或将击球板置于对方队员身后两腿间抢、击球。

10. 裁判员判定的其他犯规动作。

（二）罚则

1. 队员在罚球区外犯规，由对方队员在犯规地点发任意球。

2. 攻方队员在罚球区或球门区内犯规，由守方队员在最近的罚球区线上发任意球。

3. 守方队员在罚球区或球门区内犯规，则由攻方队员罚点球。

4. 一名队员在一场比赛中犯规（含黄牌）累计5次，取消该队员本场比赛资格，由场下队员替换。

三、黄、红牌

裁判员对球队成员（教练员、运动员等）不道德及违反规则等行为，除按规则判罚外，还可以进行劝告及出示黄牌或红牌。

（一）有下列行为时，应被出示黄牌给予警告

1. 连续违反规则的行为。

2. 较为严重的犯规。

3. 不道德行为。

（二）有下列行为时，应被出示红牌并罚令出场

1. 经裁判警告仍不改正者。

2. 一名队员在一场比赛中被出示两张黄牌。

3. 故意或严重犯规。

4. 造成恶劣影响或严重后果的行为。

（三）红牌罚下后的替补

上半场因红牌被罚出场的队员，不允许其他队员替补，下半场开始方可替

补；下半场因红牌被罚出场的队员，不允许其他队员替补，加时赛时方可替补；因红牌被罚出场的队员，取消本场比赛资格。

第五节 成绩与名次

一、比赛得分与胜负

1. 场上队员以合理击球动作击球，并使球由地面或空中进入球门（指球整体过球门线）进一球得1分。

2. 全场比赛时间终了如两队比分相等，则进行加时赛。如加时赛结束比分仍然相等，则以罚点球的方式决定胜负。

3. 以罚点球决定胜负，应按下述方式进行：

（1）以抛币的方式决定两队罚点球先后顺序。

（2）第一轮每队各出5人（必须是比赛结束时场上队员，如不足5人，则以场上剩余队员轮转），按各队排定顺序全部罚完，决定胜负。如罚平，第二轮各队场上队员按排定顺序以1对1的方式罚点球，直至决出胜负。

二、决定比赛名次的方法

1. 比赛开始时间15分钟，参赛队仍未能到场或上场队员不足5人。

2. 在裁判员通知后拒绝比赛。

3. 比赛中，某队场上队员少于3人时。

4. 参赛队在以其行动阻碍比赛进行。

第四篇　高脚竞速

第一章　高脚竞速概述

第一节　高脚竞速运动简介

高脚运动是通过完成各种走、跑、跳跃、转身、平衡、变换姿势等练习，进行竞速、角斗、竞艺等的比赛，其攻击性、对抗性、趣味性和观赏性极强。经常参加高脚活动和比赛，不仅可以发展和提高人体力量、速度、耐力、协调性、灵敏性及平衡能力等素质，有效提高神经系统和心血管系统的机能，全面增强体质，增进健康，而且还能培养顽强、勇敢、坚毅、进取等优秀的精神品质。

高脚竞速是高脚运动中的一种，隶属体能主导类速度性项目，它要求运动员具备更强的身体素质和协调能力。高脚竞速所采用的器械是高脚马，即用两根粗细均匀且笔直的青竹加工而成。运动员需踩在高脚马的离地 30～40 厘米的踏镫上，双手紧握高脚马扶手，以顺拐的形式跑步前进，在标准的田径场上完成100、200 米及各项接力比赛。

一、高脚运动的特点

1. 形式的多样性与广泛的适应性

高脚运动的前身是青少年在雨雪天用以防止泥水打湿鞋袜的代步工具，在闲暇时则进行竞速、对抗、竞艺的嬉戏娱乐。因此，其场地器材简单方便，制作器材的竹木随处可取，在泥地、沙地、草地、雪地甚至在浅水中都可以进行高脚活动，其活动形式多种多样，除了上述提到的竞速、对抗、竞艺形式外，还可以进行跳高、跳远、跳深、单脚跑跳等形式，甚至进行高脚踢足球的游戏。参加人数可多可少，运动负荷能大能小，适合不同年龄、性别、体质和训练水平的人在不同环境中进行活动，具有广泛的适应性，是全民健身活动的理想项目。

2. 技术的全面性与高度的技巧性

高脚运动有许多踩踏姿势，一般是双手各握一只跷的上端手柄，双脚各踩踏在一只跷的踏镫上，手脚配合提杆抬腿迈步，完成各种动作。按手与脚握踩的不同方式可分为同边式和异边式。通常情况下，人的上下肢摆动是上左下右或上右下左协调摆动，而踩踏在高跷上，这种习惯性协调完全被打破，最常用的同边式需要做上下肢同边的提摆动作，而异边式则更难以完成。此外，人踩在一定高度的踏镫上，重心升高，且跷的触地面小，维持平衡的难度增大，在这种情况下完成各种跑跳和闪转技巧动作，并进行竞速、竞艺、对抗的比赛，这些特点决定了高脚技术的全面性和高度的技巧性。

3. 激烈的对抗性与强烈的趣味性

高脚竞速比赛是以时间来计算成绩的，通过一定距离的时间越短则成绩越好，因此，比赛从起跑至冲刺达到终点，始终是在激烈的对抗中进行；而高脚对抗比赛则是以身体直接碰撞的方式迫使对方落地或出界，对抗争夺的激烈性不言而喻。同时，这类比赛的结果具有一定偶然性和不可预测性，给人以悬念美，具有强烈的趣味性。

第二节　高脚竞速运动的起源与发展

高脚，又称高跷或高脚马，苗语称“伽嘎嘟”，意为人踩在木制的高跷上，像又高又瘦的鬼；是我国民族传统体育的优秀项目，各地均有流行，其历史悠久，源自古代祭祀活动中的鬼神形象及百戏中的技艺表演。据说，这项古老的运动在很久以前是青少年在雨雪天作为“防湿”的步履工具，人骑在高脚马上可以通过山间小道，跨过溪河、稻田。在闲暇时进行竞速、角斗对抗、竞艺等的嬉戏娱乐。如今，其作为防湿工具的功能已基本消失，而作为嬉戏娱乐和锻炼身体的手段却仍然风行在广大青少年中。在运动方式上有以木跷直接固定于脚腿上的固定型和脚可灵活踩踏于踏镫上的手握型两种，固定型多流行于我国北方，而手握型多流行于南方各省。目前，手握型的高脚竞速竞赛方式已被列为全国民运会的正式比赛项目。

手握型高脚竞赛活动是根据湘鄂渝少数民族民间的青少年“高脚马”游戏发掘而来的。1986 年，在湖南省第一届民运会上，高脚马竞速和对抗就被列为比赛项目，首次登上政府举办的体育赛场，实现了由民间娱乐向体育竞技项目的转变。同年，湖南省组团参加第三届全国民运会，高脚马与跳鼓舞、木棒球等 7 个湖南特色项目一道被带到乌鲁木齐赛场，成为全国民运会的表演项目，第一次向全国人民展示其独特魅力。后又经历了湖南省第二、三、四届民运会的比赛和全国第四、六届民运会的表演赛，高脚马独特的运动方式和竞技、健身、娱乐价值得到深刻的认识和广泛的认可。

经过十余年的探索与实践，高脚马比赛形式逐渐固定下来，形成较为完善的竞赛规则与裁判方法、技战术方法及场地器材逐渐规范化，发展成一个较成熟的民族传统体育项目。在湖南省民委和湖南省体育局的积极努力下，2001年6月，经国家民委和国家体育总局批准，全国高脚马教练员、裁判员培训班和全国首届高脚马邀请赛在湖南吉首大学举行。比赛期间，国家民委、国家体育总局和中国少数民族传统体育协会技术委员会的领导和专家还专门对项目进行了全面的评估，并做出了肯定的评价。2001 年 8 月，国家民委和国家体育总局在第七届全国民运会第一次筹备会上做出决定，将高脚马竞速竞赛列为第七届全国民运会正式比赛项目，并定名为高脚竞速。

第二章 高脚竞速技、战术的教学与训练

第一节 基本踩法及运动形式

一、基本踩法

高脚踩法与高脚器材的制作形式有着紧密联系。在杆子上另加材料绑成踏镫的器材可以骑出的方法最多，而取竹木条天然形成的枝丫，用细棕绳缠绕加固成踏镫的器材只能踩出“犟骡子”一种方法。具体踩法是双手各握一根马杆的上端，双脚各踏在一只踏镫上，手脚配合提杆抬腿左右交替迈步，维持身体平衡，完成走、跑、跳跃、闪转等动作。其手握杆的方法可分为虎口向上的正握法和虎口向下的反握法两种。按脚踩踏镫的方法可分为一双内、一双外、一边顺、犟骡子、乌龙绞柱、夹夹脚、观音坐莲、苏秦背剑等。按手与脚的关系可分为同边和异边两种。

1. 一双内：即两脚横着踩踏镫，两踏镫相对朝内，两杆在两腿外侧的踩法。

2. 一双外：即两脚横着踩踏镫，两踏镫均朝外，两腿将两杆夹在中间的踩法。

3. 一边顺：即两脚横着踩踏镫，两踏镫同时向左或同时向右的踩法。

4. 犟骡子：即两脚顺着踩踏镫，两踏镫均朝后，杆子在两腿侧前方的踩法。

5. 乌龙绞柱：以大小腿缠绕杆子后再用脚踩在踏镫上的踩法。缠绕可由内向外缠，也可由外向内缠，可以单缠，也可以双缠，可以缠90度，也可以缠180度、270度、360度等等。

6. 夹夹脚：属于边踩法，即两杆子在体前交叉，左手握右脚踩的杆子，右手握左脚踩的杆子，迈左脚时，右手提杆，迈右脚时左手提杆。这种踩法使踏在后面杆子的脚迈步受到限制，只能采用跟步的方法进行。

7. 观音坐莲：属异边踩法，即一只杆子在身前，一只杆子在身后，左手握右脚踩的杆子，右手握左脚踩的杆子，手脚异边配合迈步的踩法。一般采用

两手虎口向下的反握法握杆。这是各种踩法中难度最大的一种，需要有良好的协调性、灵活性和平衡能力。

8. 苏秦背剑：属异边踩法，即一只杆子在身前，一只杆子在身后，左右握右脚踩的杆子，右手握左脚踩的杆子的踩法。

9. 转换技巧：踩在高脚上不下地而由一种踩踏姿势转换成另一种踩踏姿势的方法。如由同边踩法换成异边踩法，可以采用换手的方法，也可以采用换脚的方法；由夹夹脚换成观音坐莲，或由观音坐莲换成夹夹脚等技巧。

二、高脚运动形式

踩在高脚上可以完成走、跑、跳跃、闪转、平衡等基本练习，在熟练掌握各种基本踩法后就可以进行高脚竞速、角斗对抗、竞艺等形式的竞赛了。

三、高脚竞速

高脚竞速是运动员踩在高跷上进行速度比赛，与田径运动中的径赛方法相同，是以时间来计算成绩的运动项目。可进行短距离跑、中长距离跑、接力跑、障碍跑及越野跑等的比赛。目前，全国民运会比赛暂设男、女 200 米，2 ×200 米接力及 4 ×100 米男女混合接力等项目。

（一）短距离跑、中长距离跑

全国民运会比赛暂设男、女 200 米。

（二）高脚接力跑

是由接力队员依次接替跑完一定距离的集体比赛项目。常有男女 4 ×100 米和 4 ×200 米。也有 4 ×50 米接力，迎面接力或男女混合接力等。接力跑能发展速度和培养团队协作精神。由于高脚跑时双手均握杆子，无法传接接力棒，因此，采用在规定区域内完成接力的方法。可以全队共用一副高脚或每个运动员各用一副高脚的办法进行。

高脚接力跑是一项竞争激烈的比赛项目，比赛能否获胜，不仅取决于接力队员的跑速，在很大程度上还取决于他们接力时机的掌握。在 10 米的接力区内，当前一个队员的高脚踏入接力区内，后一个队员即可跑离接力区。最理想的接力时机是后一个队员在接力区内预跑，当前一个队员一踏入接力区，后一个队员即以最快的速度跑离接力区。要做到这一点必须加强练习，增强彼此间的密切配合。根据传接两人跑速，通过多次实际跑动配合，后一个队员一般在接力区后端开始跑，并在接力区后 5 ~8 米处做一标记，当前一个队员跑至标记后，立即转身起跑，当前一个队员踏入接力区时，后一个队员正好以较快速度跑离接力区。

为了发挥全队每个队员的特长，应根据队员的实力和对方运动员的情况安排顺序。有时把实力最强队员放在第一个，从一开始就超过对方，在心理上形成优势。在 4×100 接力中，第一个和第三个队员还应善于跑弯道，在一般情况下把实力最强、冲刺能力好的队员放在最后。

（三）障碍高脚跑

是在比赛场地上跨越一定障碍的竞赛，目前尚无定型的障碍高脚跑和作为规定的竞赛项目，但为了提高比赛和练习的趣味性和惊险性，教学中可以根据实际情况设置若干个不同性质的障碍，如可设栏障碍、独木桥、台阶，多个立杆、水池等，要求参与者踩在高脚上跨过栏，通过独桥，上下台阶，蛇形绕过立柱，跃过水池等等。障碍高脚跑不仅要求运动员有较好的耐力，更要有跨越障碍的本领，技术要求比一般的跑要高得多。通过练习不仅可以提高技术发展耐力、灵巧和平衡素质，在对培养参加者果敢和坚毅等优秀心理品质方面具有独特的效用。

（四）高脚越野跑

在野外自然环境中进行的一种中长距离的比赛活动，目前亦无定型的比赛形式。由于活动在野外自然环境中进行，空气新鲜，阳光充足，风景优美，同时需要通过天然崎岖小路、稻田、沟渠等障碍，能培养勇敢顽强、机警、灵敏及吃苦耐劳的优良品质，对锻炼身体效果极好，是少数民族地区学校体育活动的理想形式。

四、高脚角斗对抗

高脚角斗对抗是指两名运动员在一定区域内以自己最熟悉的一种踩法，在高脚上采用允许规则的方法，迫使对方落地或出界的一种运动形式。它不仅需要有娴熟的技术，还需要有较强力量、速度、耐力、灵敏等素质为基础，更需要有灵活机动、随机应变的战术，是高脚竞赛中最具对抗性、趣味性和观赏性的一种形式。比赛可按体重进行分级赛，也可不分体重级别。目前，部分省市民运会采取不分体重级别的方法进行男子和女子的对抗赛。比赛采用三局两胜制，每局 5 分钟，局间休息 2 分钟。在踩姿上，常可用一双内、一双外和犟骡子，尤以一双外或犟骡子见长。

五、高脚竞艺

高脚竞艺竞赛是运动员在高跷上完成各种技巧动作，以完成的动作难度大小、姿势的优美程度、变换技巧及编排与表现力情况进行比赛的一种运动形式，属于技能表演类项目，具有较强的技巧性和艺术性。动作包括各种基本踩法、姿势变换方法及走、跑、跳跃、转体、平衡等。通过练习可以发展灵巧、协调、柔韧和平衡能力等身体素质，锻炼健美的体态，提高节奏感和表现力，也是进行美的教育的一种手段。

竞艺比赛是在直径12米的圆圈平地上进行的，比赛可设男、女单人、双人、六人等各种项目，可以有音乐伴奏，要求编排合理，前后衔接和谐，表现出矫健、有力、勇猛的精神。裁判员根据运动员临场姿势变换多少、难度大小、变换技巧及编排与表现力情况进行评分。

第二节　高脚竞速技术教学与训练

通过高脚竞速跑的练习，可以发展奔跑能力、速度、耐力及平衡能力，为角斗对抗和竞艺打下良好的基础。在踩法上，可以选择自己最熟悉的一种，一般常用一双内或犟骡子，尤以犟骡子为优。

一、高脚竞速技术教学

高脚竞速技术上都包括起跑和加速跑、途中跑、终点冲刺跑三个组成部分。

（一）起跑和加速跑

起跑和加速跑，主要是骑上马使身体迅速摆脱状态，尽快地发挥速度并顺利过渡到途中跑。起跑包括“各就位”、“预备”和鸣枪起跑几个组成部分，加速跑一般在起跑后20~30米左右。

1. 起跑

(1)“各就位”：听到“各就位”的口令后，做几次深呼吸，然后手握高脚走到起跑线后，将有力脚同侧高脚置于起跑线后，另一只高脚离起跑线30厘米左右。两手握住杆子上端，重心稍前移，集中注意力听“预备”口令。

(2)“预备”：听到“预备”口令后，非有力脚踏上同侧高脚踏镫，有力脚立于地面，并将脚跟提起，脚前掌撑地，重心上提前移，上体前俯，背微弓，眼看前下方2厘米处，集中注意力听跑的枪声或口令。

(3)“鸣枪”（跑）：听到枪声或“跑”的口令后，两手用力握住杆子，有力脚迅速踏上踏镫，接着积极向后蹬地，非有力脚积极向前迈步，身体保持较大的前倾姿势向前跑出。

(4) 弯道起跑方法

200米和400米都是在弯道起跑，为了减少离心力的影响，使起跑后能更快地发挥速度和顺利地转入弯道跑，起跑时应尽可能沿直线跑一段距离。因此，各就位时应站在靠跑道的右侧（或外侧），身体正对弯道的切点。起跑后的加速跑，要沿切线方向跑进，在即将跑到切点时，身体逐渐向内（左）倾斜，以便顺利进入弯道。

2. 加速跑

起跑后的加速跑距离一般在 20～30 厘米左右，这段技术的特点是身体前倾较大，后蹬角度较小，迈步幅度由小到大，频率逐渐加快，从正前方或正后方观察，两脚距逐渐缩小，直到两脚印内侧几乎在一条直线上。

（二）途中跑

途中跑主要是进一步发挥加速跑获得的速度或保持最快速度跑向终点。

1. 直道跑：途中跑时后蹬，以强有力的动作蹬伸髋、膝和踝关节。摆动腿的大腿和手臂有力地向前上方提杆摆出，加强后蹬效果。躯干保持稍前倾，两臂配合下肢节奏向外侧提杆，使两杆上端向外，两脚靠拢，两杆形成“V”字形，这样大腿向前上方提摆时才不至于撞上杆子，影响动作及造成膝部与大腿外侧损伤。途中跑的速度决定于步频与步长，只有上下肢协调配合，节奏统一，才能发挥高步频获得最大步长。中长跑的途中跑技术与短距离快速跑基本相同，但上体前倾角度、摆腿、提杆的动作幅度和后蹬力量都较小，要求动作轻快，步伐均匀，做到既省力又实效。

2. 弯道跑：为了克服离心力的影响，在进入弯道跑时身体应逐渐向左倾斜，右臂幅度加大，并稍向内摆，左臂加大向外提杆动作；右臂前摆时，膝部稍内转，左腿前摆时，膝部稍外转。在跑完弯道即将进入直道时，身体逐渐恢复到正常跑的姿势。

（三）终点冲刺跑

终点冲刺跑，主要是以顽强的毅力，动员全身力量，以最快的速度冲向终点，然后向前减速缓冲跑 10～20 厘米左右即可下地。

（四）高脚技术教学

高脚基本踩法教学的顺序：

1. 首先学习同边踩法的一双内、一双外和犟骡子踩法，并以犟骡子为重点，然后学习乌龙绞柱、一边顺法；待同边踩法较为熟练后再学习异边踩法的夹夹脚，最后学习观音坐莲和苏秦背剑等踩法；各种姿势转换方法可在各种踩法中交叉进行。

2. 以提高竞速能力为主要练习目标的运动员，可只练习犟骡子的踩法，其他踩法只须有适当了解即可。

3. 以提高角斗对抗能力为目标的运动员，应以犟骡子和一双外作为主要踩法，多发展急起急停、转折、闪腾的能力。

4. 高脚竞艺是以比踩法多、难度大、姿态美、转换巧为特点的竞赛形式，因此，应多练难度较大的异边踩法，以难取胜，并注意姿态轻巧优美。

二、高脚基本踩法练习步骤

1. 靠墙辅助练习

（1）靠墙上踏镫：背靠墙壁站立，左右脚依次踏上踏镫。

（2）靠墙原地踏步：依靠墙维持平衡，原地提杆踏步走，体会手脚配合提杆迈步协调一致。

（3）墙边原地踏步：由靠墙原地踏步逐渐过渡到站在墙边而不靠墙的原地踏步，在难以维持平衡时再后退靠墙。

亦可在他人的帮助下上踏镫和原地踏步，方法是帮助者面对练习者，手握杆子中段，帮助维持平衡及提杆迈步。

2. 走的基本练习

（1）低踏镫走动：降低踏镫高度，最低可至10厘米左右，进行原地或行进间的走动练习。

（2）踏镫正常高度走动：在低踏镫走动基本能完成以后，应迅速将踏镫升至正常高度进行走动练习。

（3）大步走：将步幅提高到一般走动步幅的两倍左右，进行大步走练习。

（4）后退走：向后方退行，以提高平衡能力。

（5）横向走：向左右横向行走。

（6）垫步走：左右脚交替在前的垫步走动练习。

3. 跑的基本练习

（1）原地小步跑：动作轻松、协调，步频较高。

（2）原地高抬腿跑：以大腿抬至水平位置以上为佳。

（3）后蹬跑：步幅、重心升高大于一般跑动的后蹬跑练习。

（4）垫步跑：左右脚交替在前的垫步跑动练习。

（5）后退跑：向后方快速退行，应注意安全。

（6）加速跑：速度由慢到快再逐渐减速的直线跑动练习。

（7）蛇形或折线跑：以提高平衡能力和踩法技巧为目的的各种蛇形、折线跑动练习。

（8）单脚交换跑跳：一脚跳2~3次后换另一只脚跳的单脚交换跑跳练习。

第三节　高脚角斗对抗技、战术教学与训练

高脚角斗对抗是指两名运动员在一定区域内以自已最熟悉的一种踩法，在高脚上采用规则允许的方法迫使对方落地或出界的一种运动形式。它不仅需要

有娴熟的技术，还需要有较强的力量、速度、耐力、灵敏等素质为基础，更需要有灵活机动、随机应变的战术，是高脚竞赛中最具对抗性、趣味性和观赏性的一种形式。比赛可按体重进行分级赛，也可不分体重级别。目前，部分省市民运会采取不分体重级别的方法进行男子和女子的对抗赛。比赛采用三局两胜制，每局5分钟，局间休息2分钟。在踩姿上，常见可用一双内、一双外和犟骡子，尤以一双外或犟骡子见长。

一、基本技术

（一）格斗姿势

使身体处于强有力的待发状态，是完成进攻、防守和防守反击的最佳姿势，其特点是身体暴露面积小，机动性好，自身防护能力强，是一个既轻松自如，又能保持平衡的姿势。以左脚在前为例，起动作要领如下：

踩在高脚上两脚前后斜线开立，左脚在前，右脚在后，前后距离比肩稍宽，身体左侧在前；两脚尖向前，膝关节微屈，重心落于两腿之间稍偏向后；两手握平杆子上端，左上臂紧贴左肋部，右臂屈肘紧贴右肋部；下颌微收，含胸，目视前方；全身适当放松，处于灵活状态，并根据临场变化随时调整身体位置、方向和重心。

（二）移动

移动是高脚对抗中运用进攻与防守技术的先导，目的是为了及时调整与对方的位置，便于战术的运用与发挥。移动的常用步法有以下几种：

1. 上步：以格斗姿势站立，后脚经前脚内侧向前上一步成另一侧格斗姿势。

2. 撤步：以格斗姿势站立，前脚经后脚内侧向后退一步成另一侧格斗姿势。

3. 进步：以格斗姿势站立，前脚前进一步，后脚向后蹬地，随之跟进一步。

4. 退步：以格斗姿势站立，后脚后退一步，前脚用力蹬地，随之后跟一步。

5. 前滑步：连续两次或两次以上的进步称前滑步。

6. 后滑步：连续两次或两次以上的退步称后滑步。

7. 前垫步：以格斗姿势站立，两脚用力蹬地（以前脚为主），使身体轻轻跃起，然后，后脚迅速跟进落在前脚原来位置附近，前脚向前进一步。

8. 后垫步：与前垫步同，唯前后相反。

9. 环绕步：以格斗姿势站立，重心前移，前脚环形向前上步，后脚迅速向同一方向跟进，连续进行。在与对方对峙时，围绕对方走环绕步，伺机发出攻击。

（三）冲撞

冲撞是指运动员踩在高脚上将撞击对方一侧的上臂紧贴身体，当靠近对方时，用肘关节以上部位冲撞对方躯干或相应部位，迫使对方落地或出界的方法。

冲撞是高脚对抗的主要技术。竞赛规则规定，不能用肘尖、膝冲撞对方，也不能用握杆的手及杆子弹击对方，因此，冲撞时冲撞接触一侧的上臂一定要紧贴身体。当冲撞已经发生，即双方接触后可以用力向外抬肘及转动上体，挤靠对方，迫使对方失去平衡落地或出界，或给对方以重创，削弱其进攻能力。

冲撞时既要做到撞击对方，同时还要维护好自己的平衡，特别要注意当对方使用冲撞假动作躲避时，要做到能够稳住自己的重心。

（四）扫绊

扫绊是指运动员踩在高脚上用自己的高脚扫、绊、拦、踢对方的高脚，迫使对方失去平衡落地或出界的方法。

竞赛规则规定，不能用高脚扫、踢对方踏镫以上的任何部位，因此，扫绊技术在使用时一定要注意攻击部位，不能造成犯规。扫绊技术使用得当能够轻松地迫使对方失去平衡落地或出界，其关键是掌握好使用时机，一般在冲撞后对方因冲撞失去平衡而调整步伐与重心的时候乘胜追击使用。使用时首先要保持住自己的平衡，因为这时只有一只脚在起支撑作用，使用不当反而会造成自己失去平衡。在双方对峙时一般忌用扫绊技术。

（五）假动作

假动作技术是指运动员运用各种动作的假像迷惑和调动对方，使其产生错误的判断或失去身体的平衡，从而取得时间、空间上的有利条件，更好地实现自己的意图。假动作与其说是一种技术，不如说是一种战术，其思想基础是虚与实的转换。在各种对抗性活动竞赛中，谁掌握好虚实转换的矛盾，谁就会轻松取得主动权。比赛中，单一的技术动作很容易被对手识破，在实力相当的情况下，谁能巧妙地运用好假动作，谁就能赢得胜利。

假动作必须做得逼真，才能迷惑对方，同时假动作要能及时变为实动作，在被对方识破为假动作时，要能将计就计地实施进攻与防守。假动作的运用要与真实动作夹杂进行，做到虚虚实实。实战中常用的假动作有：冲撞假动作、挤靠假动作等等。

二、基本战术

熟练的技术是取胜的基础条件，但灵活多变的战术也是克敌制胜必不可少的，战术运用得当，有时能化弱为强。下面介绍几种不同情况下的战术运用方法。

1. 速战速决：在对方弱于我方或对抗中犹豫不决时，应主动攻击对方，多以强有力的冲撞技术猛烈攻击，使对方处于被动挨打的局面。

2. 借力进攻：在对方强于我方时，应多采用环绕步游走，与对方冲撞时运用步法及时躲闪，使对方进攻落空，然后再借力拦绊，迫使对方落地或出界。

3. 以假乱真：势均力敌时，可施以假乱真之计智取。故意暴露出破绽，诱敌深入，如露出站立不稳之势，诱使对方使用扫绊进攻，然后趁对方一脚支撑之机突然上步冲撞。又如做出与对方奋力冲撞之势，待对方全力上攻时，我方巧妙闪过，使其用力过猛而无支撑倒地等等。

第三章　高脚竞速运动竞赛规则

高脚竞速是由运动员双手各持一杆，同时脚踩杆上的踏镫，在田径场上进行的比赛，以在同等的距离内所用的时间多少决定名次，分个人赛和接力赛两大类。比赛中，运动员应自始至终在各自分道内跑进。高脚竞速运动的竞赛组织工作与田径中径赛组织工作基本相同。

第一节　高脚竞速场地与设备

高脚竞速运动场地：

1. 标准田径场上进行。

2. 场地线宽均为 5 厘米，跑道分道宽 2.44 ~ 2.50 米。

高脚竞速运动器材：

1. 高脚杆为竹、木或其他硬质材料制成（简称杆）。

2. 高脚杆高度不限，从杆底部向上 30 ~ 40 厘米处加制踏镫，踏镫高度的丈量从杆底部至踏镫与杆支点的上沿。

第二节　比赛方法

一、起跑口令

1. 各就位：运动员上跑道，将两根高脚杆立于起跑线后，杆底部不得触及或超过起跑线。

2. 预备：运动员以任何一只脚上踏镫，另一只脚必须立于起跑线后的地面，做好起跑的最后准备。

3. 鸣枪：运动员听到枪声后，另一只踏地的脚方可踏上踏镫向前跑进。

二、途中跑

运动员在比赛过程中，如果出现脚触地，须在落地处重新上踏镫继续比赛。

三、终点

以高脚杆或运动员身体任何部位抵达终点线后缘垂直面瞬间为止，运动员身体和高脚杆须全部过终点线后才能分离。

四、接力赛

（一）接力区

每个接力区长度为10米，在中心线前后各5米的开始与结束均从接力区分界线的后沿算起。

（二）要求

1. 接力赛采用一副高脚杆交替进行比赛。

2. 混合接力赛的1、4棒为男队员，2、3棒为女队员。

3. 队员须在接力区内完成交接。

4. 完成交接的队员应停留在各自的分道或接力区内，直到跑道畅通方可离开。

5. 参加接力赛的运动队须在上一赛次前上报接力顺序。

6. 每队服装须统一。

第三节 犯规与判罚

一、犯规

1. 抢跑：鸣枪前立于地面的脚离地。

2. 串道：运动员在比赛过程中串离本跑道。

3. 比赛中运动员脚触地，未在原地上踏镫。

4. 运动员抵达终点线时，身体或高脚杆的线，脚与踏镫即分离。

5. 接力赛：

（1）运动员在接力区外交接高脚杆。

（2）在推出接力区时，阻挡或妨碍其他运动员跑进。

二、罚则

1. 抢跑犯规：第一次给予警告，第二次取消犯规者该项目比赛资格。

2. 发生规则2~5中之一者，取消犯规者该项目比赛资格。

第四节　裁判人员及职责

高脚竞速比赛设裁判长 1 人，副裁判长 1 ~ 2 人，裁判员若干人。

一、裁判员职责

（一）裁判长

1. 全面负责高脚竞速比赛的裁判工作，保证规则能够贯彻执行；处理发生于大会期间的以及本规则未做出明文规定的问题。

2. 检查所有有关的比赛成绩，处理有争议的问题。

3. 对有关比赛的抗议或异议做出裁决。有权对有不正当行为的运动员提出警告或取消比赛资格。

4. 有权做出重赛的时间安排决定。

5. 每日的工作进行检查和总结。

（二）副裁判长

1. 协助裁判长领导裁判工作，做好裁判员队伍的事务管理。

2. 当裁判长因故缺席时，代理其职务。或受裁判长的委托处理有关问题。

3. 根据裁判长的建议，负责编排、记录和公告工作，负责场地、器材等设备的检查管理。

（三）检录主裁判、检录员

1. 根据竞赛日程安排的检录时间，召集运动员到检录处点名。根据规则规定，检查运动员的参赛证、服装、号码和比赛用具等是否符合规则规定。

2. 准时安全按预定时间和路线将运动员带入赛场，交发令员控制。

（四）主发令员、助理发令员和召回发令员

1. 检查运动员所参加的比赛或组别是否有误，号码是否佩戴正确，各项道次应面向跑进方向，由左至右按道次排位。

2. 组织运动员按道次正确地排列在起跑线后 3 米远的集合线上。

3. 同终点主裁判取得联系完毕后，向运动员发出“各就位”、“预备”口令，以鸣枪方式发出起跑口令。

4. 有权对运动员违反起跑规则的行为给予警告和判罚。

（五）终点主裁判、裁判员

1. 判定每组比赛运动员到达终点的名次。

2. 若判定不一致，应由主裁判做出最后裁定。

3. 遇名次与成绩不一致时，应同计时主裁判联系并最后裁定。

第五篇 蹴球运动

第一章 蹴球运动概述

第一节 蹴球运动简介

蹴球运动是由群众体育游戏推向运动比赛的民族体育项目。融娱乐性、运动性于一体，融智力性、竞赛性为一体。是一项文明、高雅、细腻、灵巧的项目，也是具有较高技、战术水平和较强观赏性的民族传统体育运动项目。

蹴球具有许多不同于其他运动项目的特点，比如：必须在15秒之内开出球，要求运动员必须反应敏捷；选手下脚时必须脚跟着地、脚底接触球面，如果因为对手制造的障碍而无法下脚或者无法击打对方的球，至少要失去1分。进行蹴球比赛时，运动员要全神贯注、情绪稳定。运用技术时，必须选择好路线和用力适度，要求有良好的观察、判断和控制能力，击球时必须果断、准确，要求动中有静，静中有动，全身用力协调；采用战术时需用概率、矢量和弹性碰撞等数理知识进行准确的算度。

有人说蹴球运动像脚下的斯诺克一样，因为比赛中只要有人蹴球便会产生新的排列组合，场上情况就发生变化，所以蹴球运动更多的是比拼选手的智力。经常参加蹴球运动，能改善和调节人中枢神经系统的机能，提高协调性、准确性和自我控制能力，培养人的机智、沉着、果断、顽强及团队合作精神。蹴球运动对于锻炼人的上肢、下肢、躯干和全身肌肉，促进身体全面发展，特别是在提高人的心理素质和集中注意力的能力方面有良好的作用。

蹴球运动设备简单，技术动作容易掌握其器材、规则简单易学，场地面积小，可进行单人、双人、团体赛几种形式的比赛，竞赛起来既有锻炼价值，又具有很强的竞技性和观赏性，寓锻炼身体于娱乐之中。因此，宜于在工矿、机关团体、社区、学校和村镇中开展，是全民健身运动的一个好项目。

第二节　蹴球运动的起源与发展

一、蹴球运动的起源与发展

蹴球亦称“蹴鞠”、“踏鞠”、“步打”等，是我国古代的一种娱乐健身活动，有着极其悠久的历史。

据史书记载，我国的蹴鞠活动起源很早，西汉帛书《十六经·正乱》中，记述了黄帝战胜蚩尤的传说，认为黄帝“做蹴鞠之戏”，以练武士。早在三千多年前，我国已有足球游戏——蹴鞠舞。到战国时期，这种早期的足球活动已在一些地区开展，《战国策》记载：“临淄甚富而实，其民无不吹竽、鼓瑟、击筑、弹琴、斗鸡、走犬、六搏、踏鞠者。”西汉初年，蹴鞠作为娱乐游戏得到普及。随着社会的发展，汉代的蹴鞠活动更加普及，并作为军事训练的手段受到前所未有的重视。东汉史书学家班固的《汉书·艺文志·兵家》中就著录了《蹴鞠》二十五篇，列入“兵家技巧”类。刘向的《别录》也认为，蹴鞠是一种兵势，所以用它来训练武士，发现有才的人。当时采用的步骑联合作战方式，对士兵的运动速度、耐力、灵敏性等身体素质提出了很高的要求，而蹴鞠运动恰恰能满足这种要求。当时的蹴鞠活动已有了一定的规范，如：有固定的比赛场地，宫苑规模宏大的球场四周有围墙、看台；竞赛方法与现代足球相似，比赛时有裁判员，并规定双方各上 12 名队员，以踢进“鞠室”多少定胜负。另外，这个时期还出现了论述蹴鞠的专著《蹴鞠》。三国时期，蹴鞠活动也颇为盛行，据记载，曹操对蹴鞠也非常感兴趣，手下有一名叫孔桂的人，尤其擅长蹴鞠。秦汉时代所用的鞠，是一种外包皮革、中间填充毛发的实心球，这种球一直沿用到唐代才有了改进，出现了“气球”，即外用皮质表壳，内以动物胞（用动物的膀胱做球胆）充气而成，踢起来轻捷便利，随之就有了“蹴”等新的名称。鞠的改进，促使比赛规则和踢球方法发生了变化，球门也由以往的“鞠城”、“鞠室”改为挂网，球门洞设在球门外边上端，网的中间有一圆孔，两队分别向洞中射球。这样，比赛就由直接对抗变为间接对抗，减少了体力消耗，增加了游戏娱乐成分。在唐代出现了女子蹴鞠，女子蹴鞠一般以踢花样和难度大小来论胜负，带有更多的自我娱乐成分，称为“白打”。蹴鞠在宋代也备受欢迎，成为宫廷中的常有之戏。民间还出现可传授切磋球艺的民间行会组织“圆社”，又称“齐云社”，以表演蹴鞠为主，常在朝廷宴会上表演，或在瓦舍勾栏中卖艺，这对蹴鞠技艺的普及和提高起到了积极的作用。明代以后，由于帝王的几次禁止，遏制了蹴鞠的发展，但在民间仍很盛行，成为市民和部分士大夫消遣娱乐的手段。

到了清代，古代蹴鞠方法已大部分失传，只有在踢石球、夹包、花毽等游戏中还可以看到蹴鞠二十五法中的一些影子。蹴鞠原有二十五法，踢石球只是其中一法而已。关于踢石球在古典小说《红楼梦》第二十八回中有这样的描写，“培茗往东边二门前来，可巧门上小厮在甬路底下踢球……”这里写的踢球，就是踢石球。清末《北京民间风俗百图》第六十四图《踢石球》写了踢球之法：二人以石球两个为赌，用些碎砖瓦块铺地，用一球先摆一处，二球离七八尺远，每人踢两次。踢中为赢，不中便输。关于清代踢石球的方法，有人曾向爱新觉罗·溥任先生请教。溥任先生系末代皇帝溥仪的四弟，从小在醇亲王府中生活，他曾看到太监踢石球，所踢的球是老人们为了健身握在手中揉动的以活动筋骨的健身球，踢的方法是先用脚尖踩住球，然后用力向前踹，以击中对方为胜。无论是图画记载，还是老人描述，均是用脚“踹”球，不是我们现在看到的类似足球运动的踢球。踢石球实际是“踹”球，因此踢石球游戏经过挖掘整理后，在成为正式群众比赛的运动项目时，用了“蹴鞠”的“蹴”字，定名为蹴球。蹴球是我们中华民族的体育明珠，此项目的挖掘整理成功，使千年古书上记载的蹴鞠以新的面目得到新生，为新形势下的全民健身运动做出了贡献。

现在民族运动会上的蹴球比赛就是来源于清代满族的踢石球。北京市民族传统体育协会自1984年起，经过十几年对该项目不断地挖掘和整理，形成了比较完善的规则。在1991、1995年的第四、第五届全国少数民族传统体育运动会上，蹴球被列为表演项目，使其在回、满、蒙古等各民族中广泛开展。当时没有统一的规则，场地、器材也没有统一的要求。1995年蹴球被列为第四届北京市民族传统体育运动会正式比赛项目后，有关专家人士通过大量的实践，反复修改，拟订了蹴球运动的比赛规则。1998年经国家民委、国家体育总局认定，踢石球正式定名为蹴球，并制订了新的蹴球竞赛规则。蹴球也被列为全国少数民族传统体育运动会的正式比赛项目，在全国推广。

在1999年第六届全国少数民族传统体育运动会上，蹴球设立了男子单蹴、女子单蹴、男子双蹴、女子双蹴、混合双蹴5个项目比赛。自此，蹴球成为全国少数民族传统体育运动会14个正式比赛项目之一。此项运动有了较大规模的赛事，全国各地参与此项运动的人数也日益增多。

二、蹴球运动的发展趋势

作为一项少数民族传统体育项目，蹴球运动拥有良好的群众基础。蹴球运动属技能主导类表现准确性项目，技术要求可概括为“固势要稳，瞄球要准，发力、蹴球要正确”。

在蹴球运动中，耐力、柔韧、力量等运动素质对技术动作的完成和运动技术的质量有着重要影响。在心理方面蹴球运动对运动员注意力集中与稳定、自我控制、感知觉和运动表象再现能力都有较高要求。在智能上要求运动员掌握必要的基础理论知识，通过各种手段培养观察力、思维力、分析和解决问题的能力，以及合理运用战术的能力。

综上所述，蹴球运动将向技术更全面、特长更突出、战术针对性更强、攻防转换和远距离较量更频繁的方向发展。我们学习民族体育项目的目的，就是要提高民族传统体育项目的趣味性、观赏性，让更多的人通过比赛领略民族传统体育的魅力和运动的乐趣，吸引更多的人加入到民族传统体育运动中来，以增强体质，提高民族素质，为建设和谐社会尽自己的力量！

第二章　蹴球运动技、战术的教学与训练

第一节　蹴球技术概论

蹴球技术是运动员在比赛中为了得分的目的所采用的各类专门蹴球动作的总称。蹴球技术是运动员进行比赛的主要手段，它直接影响运动的效果，所以它是蹴球比赛的基础。随着蹴球运动的发展，蹴球技术不断改进、完善、丰富和创新。蹴球技术是在比赛中根据场上的具体情况与战术配合加以组合运用的，这些技术动作，既相互联系、相互制约，又相互影响、相互促进。

蹴球技术教学与训练是一个教育过程，是在教师指导下学生学习和提高运动技能的过程。这个过程的特点是：学生的教育与教学训练、智力发展与技能的掌握与提高、身体全面发展与道德意志品质的培养交织在一起。组织蹴球技术教学与训练，应根据运动技能形成的理论，遵循教学与训练的一般原则，结合蹴球运动的特点，按以下四个阶段进行：了解动作，建立正确动作概念；在简单化条件下学习掌握动作；在复杂条件下改进完善动作；在比赛中运用提高动作。在每个阶段中都要正确地选择和运用教学与训练方法才能完成教学与训练的任务。

蹴球属闭锁性技能，闭锁性技能的学习关键是反复练习同样的或几乎没有差别的运动类型，练习到自己的运动达到理想的模式为止，学习的手段是反复练习。蹴球运动技能主要是通过蹴球技术在对抗条件下的运用成效表现出来的。因此，在蹴球技术教学与训练中必须突出重点、循序渐进和学以致用。蹴球技术教学与训练的任务是使学员掌握正确的技术方法，不断提高技术动作的熟练程度和运用能力。

蹴球技术教学与训练一般分为以下步骤：示范、讲解动作方法，建立正确完整的动作概念；反复练习，形成技术动作正确的动力定型；逐渐增加对抗因素，学会克服对手的制约，及时、准确、合理地运用技术。练习时要求运动员通过对比赛场上球的布局情况进行观察、分析、判断，合理选择、运用技术，创造有利战机，在对抗中争取主动。训练中，运动员要在接近实战

的条件下提高技术的运用能力，同时还要加强思想教育和心理训练，使运动员在激烈对抗的情况下能够情绪稳定、头脑清晰、冷静观察分析，判断正确、行动果断、勇于拼搏。通过反复练习，进一步提高学员的技术运用、应变能力与稳定性。

第二节　蹴球基本技术的训练

一、蹴球基本技术

蹴球竞赛规则对蹴球技术做了严格的规定和限制，要求蹴球用脚跟触地再用前脚掌压住球面后，向前踹出。依据所蹴之球碰击本方或对方球的情况计算得分。根据这个要求，现将蹴球技术分成5个部分分述如下：

1. 准备姿势

蹴球前的准备姿势，指运动员从自己的发球区场外步入场内本方球后50厘米左右面向进攻方向的站立姿势。

动作要求：（以右脚蹴球为例）两脚左右自然开立，或右脚稍前左脚稍后开立，全身放松，目视对方球。

2. 支撑脚站立

动作要求：左脚前跨一步，在球侧后方20厘米处站定，脚尖外展，与出球方向成45度夹角，左膝微屈，重心落在左脚上，右脚跟提起，脚尖着地，收腹含胸，松腰敛臀，两臂自然下垂，全身放松，目视本方球。

3. 蹴球脚压球与瞄准

动作要求：支撑脚站立后，蹴球脚即提起，以脚跟在球正后方15厘米处着地，前脚掌在球上方距球2厘米左右，脚的方向瞄准进攻方向，方向调正后，用脚掌轻轻压住球，不能使球发生任何移动，压住后眼睛正视进攻目标。此时，支撑腿膝关节微屈，支撑全部体重，维持身体平衡，蹴球腿膝关节自然弯曲，脚踝勾起，脚掌压在球上。

4. 蹴球

动作要求：目视进攻目标，蹴球脚用力收缩使髋关节前屈，即大腿做向前上方抬腿的动作，同时脚掌压住球使之向前滚动朝进攻目标滚去。

5. 维持身体平衡

动作要求：抬脚蹴球结束后，身体重心落在支撑脚上，蹴球脚摆至于膝关节部位时应及时制动，随即自然放下，形成双脚支撑的姿势，保持身体平衡，并注意不要触及场内其他的球。

二、具体训练方法：

（一）正面蹴球技术及训练方法

1. 正面蹴球技术

以左（右）脚为支撑脚，支撑在球的后面或侧面、右（左）脚蹴球；先以右（左）脚脚跟着地，前脚掌触及球面，用脚掌、小腿、大腿及身体的力量向前将球蹴出，球通过脚掌向前达到预计的位置或打击预计的目标球。这是蹴球最基本的技术，要求全身协调用力，力量控制适当，球滚动速度均匀，路线直稳，击打目标准确。

2. 训练方法

（1）脚对球的感觉练习。

用脚掌前后反复搓球，提高脚掌对球的感觉，增强脚掌对球的控制能力，增强踝关节的力量和灵活性，以便发力蹴球。

（2）向前蹴球练习。

一人一球，按蹴球技术方法正面向前蹴球，使球向前直线滚动。体会蹴球脚掌用力过程，练习全身协调用力。

（3）以直线为参照物练习。

将球体放于直线上，蹴球脚的正中线的投影线置于直线上，按蹴球技术方法将球蹴出，体会球在脚掌下是否直线前进。

（4）近距离蹴球击打目标球准确性练习。距离从近到远，一般 3～7 米，每一距离采用重复练习。

（5）中远距离蹴球击打目标球准确性练习。7 米以上一般为中远距离，同近距离练习法。

（6）将本球和目标球放置在场地的对角线上，蹴球击打练习，距离由近到远，练习对角斜线上击打的准确性。

（7）多种角度方向练习。

将本球和目标球放置场内至边线构成任意角度和不同方向的位置上，蹴球击打目标球，提高对场地和球的位置感觉关系。

（8）将目标球放置成扇形状的一条弧线上，将本球固定在一个点上，用本球依次击打扇形面上成弧线的球，提高击打各种角度及斜线上的球的能力。

（9）大目标、标准距离蹴击目标球练习。要求在动作正确的情况下，瞄准比比赛用球直径大的目标，尽量击中目标。

（10）小目标、标准距离蹴击目标球练习。要求在动作正确的情况下，瞄准比比赛用球直径小的目标，尽量击中目标。

（二）侧面蹴球技术及训练方法

1. 侧面蹴球技术

侧面蹴球技术就是根据战术的需要，蹴球瞄准目标球的侧面（左面或右面）将球蹴出，击打目标球的侧面，使目标球变向滚动转移位置或使本球相应转移位置。此技术一般用于传或欲使目标球被击打出界而本球留在界内等情况。

2. 训练方法

（1）瞄准点练习。侧面蹴球主要是瞄准点适宜，一球的正中线分为左右两面。击打点靠近中线，目标球改变方向小；击打点远离中线，目标球改变方向大。根据被击打的目标球与本球的位置关系的预计使目标球改变方向的大小和距离，确定好瞄准点进行练习。通过反复练习击打目标球的不同角度的侧面，掌握侧面瞄准点是打好侧面蹴球的关键。

（2）近距离蹴球击打目标球侧面练习。

（3）在各边线附近位置上，目标球靠近边线一侧，本球靠界内一侧，击打目标球内侧，使目标球出界，本球留在界内的角度和蹴球轻重练习。

（4）中等距离蹴球击打目标球的侧面练习。

（三）回旋技术及训练方法

1. 回旋球技术

回旋球技术就是用前脚掌踩住本球向前下方挤压球，使球将位于球前方的对方球挤出界外，本方球向后回旋滚动留在界内的一种技术。

2. 训练方法

（1）练习前脚掌挤压球，使球向前压出后再向后回旋滚动，掌握前脚掌压球的位置和脚掌发力的方法。

（2）用两个近距离球训练回旋球击打目标球练习。

（3）将目标球放置在靠近边线一侧，将本球放至与目标球不同距离、不同角度的位置上，练习回旋球击打目标球练习。

第三节　蹴球运动员的战术教学与训练

蹴球运动属竞技性项目，在比赛中采用合理的战术对于取胜有重要作用，运动队不但要有集体战术，而且要求每个运动员具有一定的个人战术能力。根据规则，可以制订一些个人战术。

一、失分战术

如当自己处于被动状态时，可采用发球失分造成与对方球形成远距离，使对方蹴球失误，将自己从被动变为主动。

二、放弃一次连蹴权

如图 5－3－1 所示，当②进攻时选择了近距离①进攻，将①蹴出界，②即有一次连蹴权。如②将③再蹴出界，③发球进入场内贴近④，就会造成本方④球被打的被动局面，如图 5－3－2 所示。

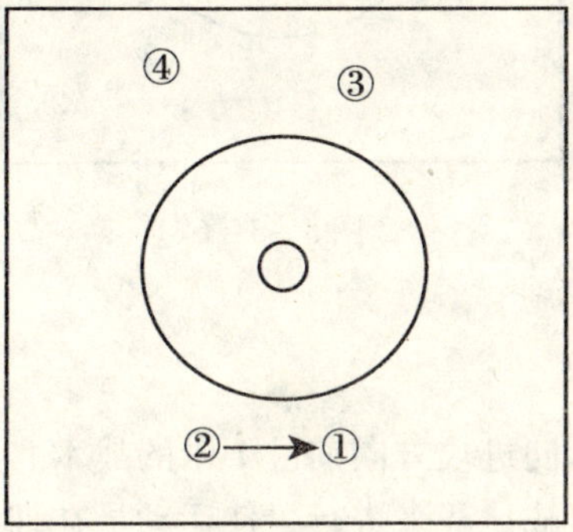

图 5－3－1

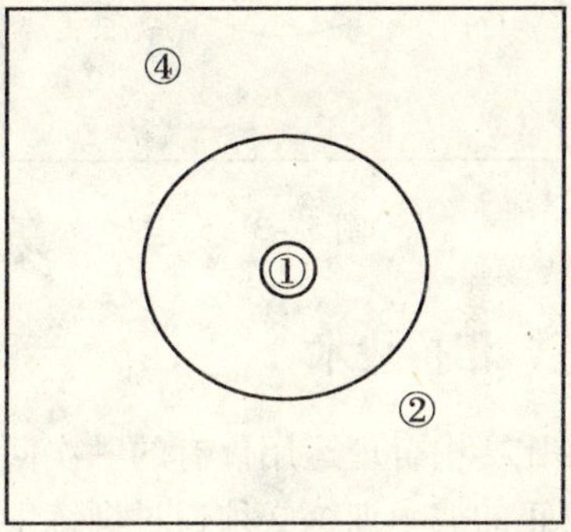

图 5－3－2

三、放置于停球区内的球的防守战术

根据规则规定，停球区的球免受进攻。如图 5－3－3，当①将②蹴出界后，②应放于停球区内，为了免受④再受进攻，可将②放于①、④两球形成的直线上，如图 5－3－4 所示。

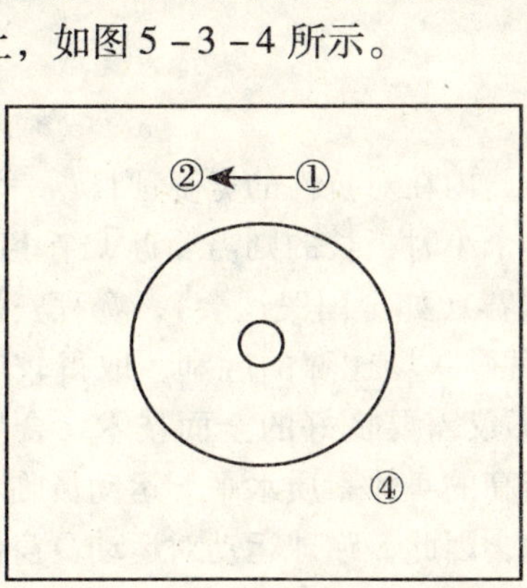

图 5－3－3

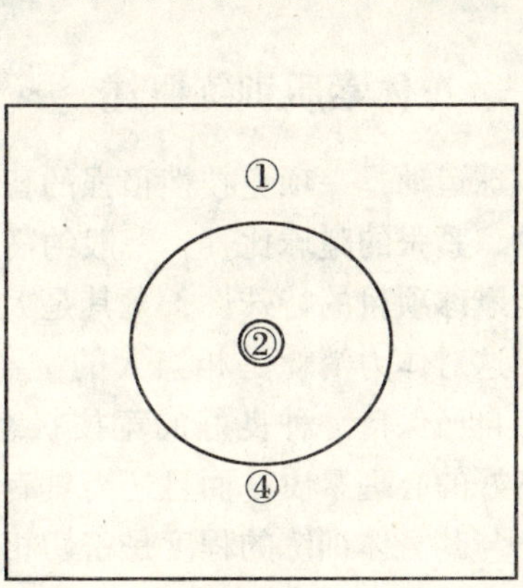

图 5－3－4

四、诱迫对方近距离球进攻

若④发球，②、③球位置如图 5－3－5 所示，④可贴近①发球，诱迫①向

④进攻，从而保留②的进攻权，如图 5－3－6 所示。

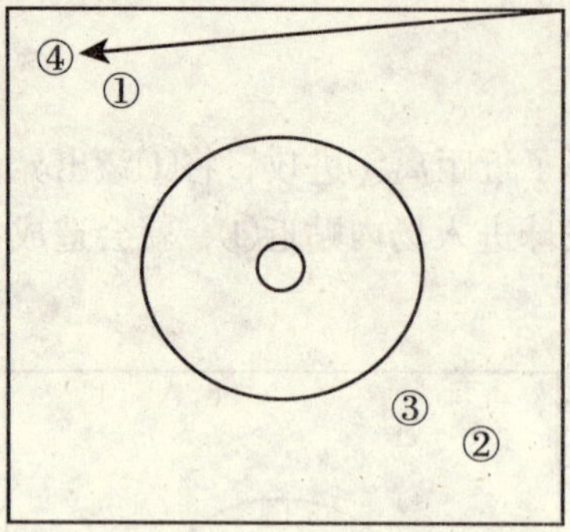

图 5－3－5

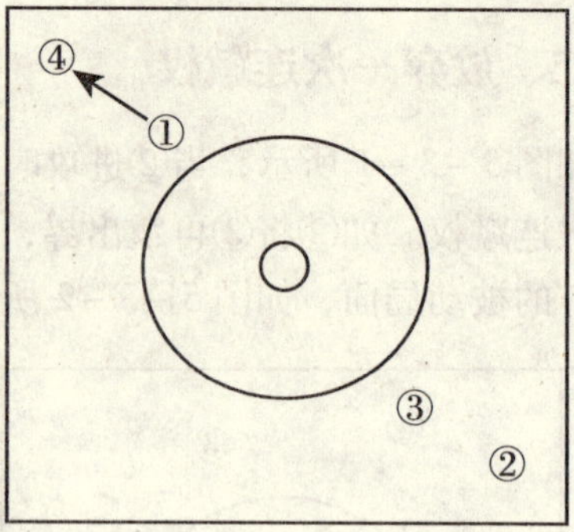

图 5－3－6

五、相持战术

在比赛中合理运用仅有的一次回避和向进攻方向前进 1 米的战术。

真正的战术训练必须通过训练中的实战比赛来进行，使运动员在训练比赛中积累经验，并根据临场比赛中所出现的情况正确分析、判断、积累专项战术理论及经验知识。通过想练结合，培养运动员战术思维，还可以通过想象训练法帮助运动员在大脑中建立丰富而准确的战术运动表象。

第四节　蹴球运动员的身体素质训练

一、身体素质训练概述

蹴球运动是一项竞技性很强的智力型、内在对抗性的竞赛项目。一场实力相当的、紧张的蹴球比赛，一般约需要半个小时，长的则需要近 1 个小时。尤其因为蹴球项目的特殊性，尤其是大型比赛（如全国民运会），赛程安排非常紧凑，这对体力消耗是相当大的。要想赢得一场比赛的胜利，取得较好的成绩，使自己保持一种良好的竞技状态，不仅需要良好的全面技术、合理的战术、良好的心理素质，而且还需具有相当高的身体素质水平。运动员临场发挥的好坏与其身体训练的程度是密切相关的，因此，蹴球运动对运动员身体素质的要求也就越来越高。

身体素质和技术、战术是密切联系、互相促进的。身体素质是技术、战术的物质基础，身体素质训练水平直接影响着技术、战术的提高与发挥。因此，在系统地进行蹴球技术训练中，应安排适当的身体训练内容。忽视身体训练或利用加大技术训练的密度来代替身体素质训练都是片面的。

身体素质分为速度、耐力、力量、灵敏、弹跳、柔韧等，它们有着密切的联系，在进行某项素质的练习时，另外有些素质也可能得到相应的发展，它们之间总是相互促进的。如通过力量训练增强了腿部力量和腰部力量，但同时也会使速度和弹跳获得相应增长。

总之，要提高蹴球技术水平，必须有较高的身体素质作为物质基础，这是比赛取得胜利的重要条件之一，所以蹴球运动训练中身体素质训练是相当重要的，教练员和运动员均应相当地重视。

二、身体素质训练的方法及内容

蹴球运动的身体素质包括耐力性素质、力量性素质、灵敏性素质和柔韧性素质。

全面地进行身体训练的目的也是为了提高以上这些素质，使其以很少的能量消耗来完成所面临的同样的训练。

（一）耐力性素质练习

耐力是指运动员在技术发挥和动作的准确性上长时间保持不变的能力。这一能力的下降常因疲劳现象所引起，所以增强耐力训练就是要延缓疲劳的到来。

耐力训练分为一般性耐力训练和专项耐力训练两种。

1. 一般性耐力训练：主要以慢跑的形式进行，根据运动员的训练水平采用不同的耐力训练方法。如对训练水平较低的运动员采用慢跑、距离较短的方法。另一种方法是采用定时慢跑的方法，根据其训练水平的高低，采取10~30分钟不等的慢跑训练方法，以提高内脏器官抗疲劳的能力。

2. 专项耐力训练：主要是根据蹴球技术水平而制订的耐力训练方法。如进行蹴球的耐力训练，以一定的频率（按比赛节奏15秒钟）蹴击一个球，连续不断地蹴球，蹴满一定数量，或蹴规定的时间（30分钟），或蹴到感觉注意力下降出现疲劳时再休息。进行赛前蹴击球训练时，按每天打4~8场球练习。这样才能适应比赛所需的蹴击量而不感觉疲劳，从而使蹴球技术不变形，保证技术的正常发挥。

（二）力量性素质训练

力量是进行身体训练时应抓的主要矛盾，通过力量的训练，有助于爆发力的增长以及其他素质的提高。

1. 上肢力量训练

（1）俯卧撑20次×(3~6）组，根据队员训练水平；

（2）引体向上（6~8)次×(3~6）组，根据队员训练水平；

（3）卧推（杠铃）(6~8)次×(3~6）组，(20~60）千克。

2. 腰腹肌训练

(1) 仰卧起坐 20 次×(3~6) 组，根据队员训练水平；

(2) 俯卧挺身 20 次×(3~6) 组，根据队员训练水平；

(3) 肋木举腿 20 次×(3~6) 组，根据队员训练水平；

(4) 负重腰腹肌练习 20 次×(3~6) 组，(10~20) 千克。

3. 腿部力量训练

(1) 立定跳 (20~30)米×(3~6) 组，根据队员训练水平；

(2) 蛙跳 (20~30)米×(3~6) 组，根据队员训练水平；

(3) 单、双腿跳或跳凳 30 次×(3~6) 组，根据队员训练水平；

(4) 负重半蹲提踵 (8~10)次×(3~6) 组，(60~100) 千克。

(三) 灵敏性素质训练

蹴球运动的灵敏素质训练，要求运动员在复杂多变的情况下具备反应速度快、应变能力强的能力，这就要求在结合技术训练或其他专门训练中，运用各种手段，提高运动员神经系统迅速集中和扩散的能力。通过灵敏素质的训练，使大脑皮层的灵活性及神经过程的转换能力都能得到进一步提高。因此，业余训练中，应该建立多种多样的动力定型，这样才能使运动员随机应变，迅速做出不同的反应。

1. 体操运动的各种翻滚及各种跳跃练习。

2. 两人一组，根据信号做起动、后退跑、变向跑等反应练习。

3. 采用自己惯用的大小或重量不同的球进行蹴球训练（培养运动员凭经验和脚心的感觉来体会细小的变化，如蹴铅球练习）。

4. 运用不同性能的场地进行训练，以使运动员在短时期内能够适应性能差异很大的场地，培养运动员脚的细微感觉。

5. 用弱脚蹴球（如果运动员平时用右脚蹴球，则用左脚练习蹴球）。在这种情况下，中枢神经根通过视觉所得到的信息是一样的。因为弱脚没有经过训练，协调性不够。这样运动员就会克服“右脚”所没有的缺点，就会适应这种配合使得技能更灵敏和更准确，从而反过来对蹴球脚掌握动作也有很大的帮助和提高。

(四) 柔韧性素质训练

发展蹴球运动员的柔韧性，不仅能拉长韧带，加强韧带弹性和关节的活动范围，而且对蹴球技术的掌握和发展有着积极的促进作用，同时也可减少运动损伤，延长运动寿命。

对于蹴球运动员来说，主要应注意髋关节、膝关节以及踝关节的柔韧性练习。

1. 扶墙或同伴帮助做“展髋”动作练习（类似于跨栏动作）。

2. 弓箭步压腿和“劈叉”动作练习。

3. 立位体前屈。

4. 利用器械，双腿轮流向后高处踢或轮流向外踢练习。

5. 分腿或并腿坐，做体前屈的练习或做体绕环练习。

在进行柔韧性练习时，动作的幅度要由小到大，用力要柔和，以免拉伤韧带。在疲劳的情况下，不宜做柔韧性练习。

总之，要提高蹴球运动的水平，必须有较高的身体素质做保证，这是比赛中争取优势和取得胜利的重要条件。

三、蹴球运动员的心理能力训练概述

运动员心理能力即指运动员与训练竞赛有关的个性心理特征，以及依训练竞赛的需要把握和调整心理过程的能力，是运动员竞技能力的重要组成部分。在蹴球运动中，运动员心理能力的强弱对其总体竞技水平和比赛结果，有着巨大的和极为重要的影响。

四、蹴球运动员的心理能力训练常用方法

（一）表象训练法。

在蹴球训练比赛中当进攻时可让运动员在暗示语指导下，头脑中反复想象正确的、完善的蹴球动作。通过想练结合，培养运动员战术思维，还可以通过想象训练法帮助运动员在大脑中建立丰富而准确的战术运动表象。

（二）意念训练法。

即指运动员有意识地、积极地利用头脑中已经形成的运动表象或充分利用想象进行训练的方法。

（三）模拟训练法。

指模拟设置未来比赛中可能出现的条件进行训练。通过模拟训练，可以使训练与比赛的实际尽可能接近，使运动员在近似比赛的条件下锻炼和提高对未来比赛的运动能力以及情绪控制能力等。在蹴球训练中，可在本队中常进行训练比赛，或与邻近地区的运动队进行邀请赛等，使运动员对对手特点、不同场地、观众影响等外界条件有较好的适应能力，增加正式比赛时的适应能力。

第三章 蹴球竞赛规则

第一节 比 赛

一、定义

蹴球比赛是按照竞赛规则，双方运动员用脚掌“蹴”球，使球通过脚底向前滚动，依据所“蹴”之球碰击对方或本方球的情况计算得分，以任一方先达到或超过规定分数来决定胜负的体育竞赛项目。

二、比赛场地

1. 场地规格：长 10 米、宽 10 米的正方形平坦地面。

2. 画线：线宽不得超过 5 厘米，边线及各线段均为场内和各区内的一部分。

3. 停球区：在场地正中心，为一个半径 20 厘米的圆圈。

4. 中心圆：在场地中央，为一个半径 2.4 米的圆圈。

5. 发球区：在场地四角，每角一个，为半径 50 厘米的扇面，按逆时针方向编号为 1、2、3、4 区。

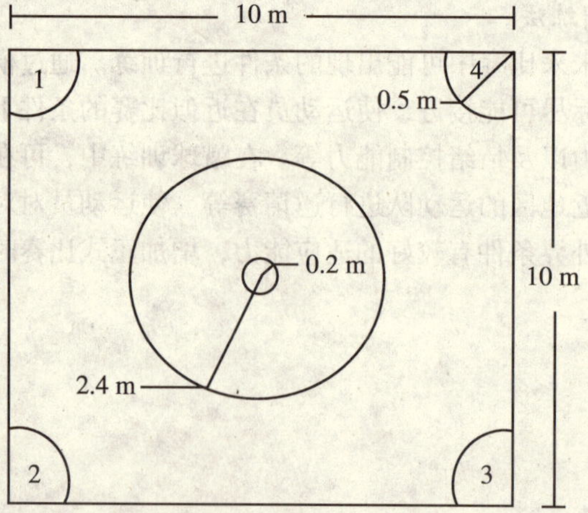

蹴球比赛场地示意图

三、比赛用球

1. 比赛用球为硬塑实心球，直径 10 厘米 ± 0.2 厘米，重量 1 000 克 ± 10 克。

2. 比赛用球分两种鲜明颜色，分别标有 1、2、3、4 号。1、3 号球为同一颜色，2、4 号球为同一颜色。

第二节 运动员和教练员

一、运动员

1. 运动员须按比赛规程或赛会要求统一进入赛场。

2. 除不可抗拒原因可以由本队教练员或领队代替挑号外，队员必须按时到达赛场进行挑号。

3. 队员必须接受裁判员对其进行的装备检查，凡不符合规定者，应立即更换。

4. 上场队员，须穿佩大会统一号码衣或号码布。号码按 1、2、3、4 排列，单、双号分别同色。号码宽 20 厘米，高 14 厘米。

5. 运动员有权提示裁判员及时更正记分错误。

6. 运动员必须穿平底运动鞋，并不得对鞋底进行特别加工。

7. 每局交换发球顺序后，同时交换号码。

8. 在临场比赛的任何时间，队员均不得擅自退到挡板外接受指导、饮水。

9. 参赛队的所有人员必须遵守竞赛规则、规程，并对自己的行为负责，不得做出妨碍比赛、干扰对方、破坏比赛气氛的任何行为。

二、教练员

1. 教练员应按赛会要求在指定地点进行观赛或指挥，未经裁判员允许，不得进入挡板或限制线内。

2. 教练员在观赛或指挥时，不得干扰对方，也不许对任何人使用粗言秽语或辱骂性语言。

3. 在本队比赛时，教练员、运动员有权提示裁判员及时更正计分错误。

第三节 计胜方法及名次判定

一、比赛计胜方法

1. 每场比赛当一方达到 80 分或 80 分以上时，比赛结束。

2. 在每场比赛中当一方或双方达到 40 分或 40 分以上时，比赛停止，休息 3 分钟。然后双方交换首发权，接休息前比分继续比赛。

3. 在一方或双方达到 40 分或 40 分以上时，以球的止点判定比赛得分。

4. 在一方或双方达到 40 分或 40 分以上时，如一方有连蹴机会比赛也不再进行。

5. 当一方或双方达到 80 分或 80 分以上有分差出现，在球停止时即为结束。如果已达 80 或 80 分以上但无分差出现，则比赛继续，以先得分者为胜（突然死亡法），当最后一击出现同时得分且得分相等时，待球停止后计算得分，以得分高者为胜，循此直至分出比赛胜负。

6. 胜一场积 2 分，负一场积 1 分，弃权为 0 分。

7. 如遇一方弃权，以对方 80:0 计胜。

8. 比赛中罢赛超过 5 分钟，由裁判长宣布取消该选手（队）该赛项全部比赛成绩。

二、循环赛赛制名次判定

1. 按全部比赛结束时积分多少排列名次，积分多者名次列前。

2. 如遇两队以上积分相等，则按积分相等队相互间得失分率确定名次，得失分率高者名次列前。

3. 如再相等，按积分相等队在同一循环比赛的得失分率确定名次，得失分率高者名次列前。

4. 如仍相等，以抽签确定名次。

第四节　比赛通则

一、发球

1. 在裁判员主持下由双方队长抽签确定开赛发球顺序，先抽到者可选择任何一种颜色球，并决定是否先发球。40 分或 40 分以上双方交换顺序和颜色，交换发球权前后的首发球 1、3 号（红色）球。

2. 上场队员编为 1、2、3、4 号，队员编号与发球区号相同，开赛按 1、2、3、4 号顺序发球。单蹴比赛，队员仅分 1、2 号。

3. 开球和发球前，每名队员均应在裁判员的口令下将球放在自己的同号区内，待令蹴出。球一经放置，不得再移动。

4. 发球时球一经蹴动应触及中心圆线。

5. 发出的球不得触及场内任何球。

6. 发球时，球一经被触及即为进入比赛状态，可以进攻他球和被任何球攻击，当己方有蹴球权时，可以用已发出的球进攻他球或被任何球攻击，并按规则得失分。

7. 发球同时出现两种或两种以上不同情况的犯规时，以此球结束时最高被动得分给对方加分，其他不再累计加分。

8. 发球出界，应重新发球。

9. 在有连蹴权的状况下，发本方出界的目标球时，如果发球出界，则视为失去一次蹴球机会。

二、本球、目标球与复位球

1. 本球：是指蹴动的球，或攻方蹴出的主动球。

2. 目标球：是指被本球蹴击的球。

3. 复位球：是指不该被攻击或触及而受到攻击或触及的球。比赛中如遇下列情况，移位的目标球须由裁判员复位，本球不再复位。

（1）发球击中任何一球。

（2）半活球出停球区击中任何一球。

（3）击中停球区内的死球及由此引起发生位置变化的其他任何一球。

（4）犯规在先的或有不正当行为而触到的任何一球及由此引起发生位置变化的其他任何一球。

三、死球、半活球与活球

1. 凡被他球击出界而应放置于停球区内的球为死球。对停球区内的死球若进攻方仍有连蹴权时，当次不得向其攻击，它包括连蹴两次时。将被攻击的球击出场外成死球这个人次轮过后，此死球就成为半活球，半活球不能攻击他球，但可以被任何球攻击。死球被当次进攻方队员蹴动或触及，半活球被对方队员蹴动或触及，或者被任一活球正常击中即为活球。停球区内的死球若被击活，在裁判员将其复位后，可以用此球攻击任何一球。

2. 死球一经放置不得再次移动位置，放置时不得触及场内任何球。

3. 半活球可以在任何时间向任何方向、任何距离前进，无攻击权。

4. 死球或半活球可以被发球击活，但被击活球要复位。此后若正当发球方蹴球，只能用发出的球蹴球。

5. 比赛中凡用身体触及或本球直接或间接触及到死球，连蹴权立即取消。

6. 如遇本球先直接触到死球，只按所触到的死球给对方加分，以后的情况不再计分；如遇本球间接触到死球或先击到活球，而活球又触到死球，则先计本球主动得分后计死球得分；当死球和其他球同时被击中，则视为先击中死球。

7. 当一队在停球区内有半活球时，如果另一球又被击出界，此时这个出界球应发球。

8. 半活球出区时，如果球出界，在给对方加分后，重新出区。

9. 在停球区内的死球，被对方人为触活后，此球可以出区，也可以进攻他球。

四、蹴击球与连蹴

1. 蹴击球

蹴击球时以脚跟先着地，由脚掌触及球面，稳定后将球向前蹴出或挤压出。挤压后再触球，则犯规，不再连蹴。

2. 连蹴

(1) 连蹴一次。

蹴击球击中任何一球，可以用本方任何一球连蹴一次。

(2) 连蹴两次。

① 一蹴击中两球，可以用本方任何一球连蹴两次。

② 如遇被动得分的几种情况出现在连蹴两次的第一次蹴球中，则视为队员已失去一次蹴球机会，允许队员连蹴第二次。

3. 将对方两球蹴击出界，先出界球由队员将球放置停球区，另一球则由队员在同号发球区发球。

4. 蹴击球或连蹴球必须攻向目标球。在蹴击球或连蹴时，若本球距目标球超过 2 米，蹴击球必须向目标球前进至少 1 米方视为进攻球。

5. 蹴击球移动距离以起点到止点为准。

6. 连蹴权仅指第一次蹴击球时。在连蹴的第二或第三蹴中又击中任何球，不再加连蹴权。

7. 裁判员下达口令后，运动员应在 15 秒以内完成蹴球动作。

五、出界球

1. 球体着地点脱离场地滚出边线并停止在边线外即为出界。

2. 判断球是否出界以球自然滚动的最后停止点为判定点，凡触到任何人为设置的物体而弹回场内均属出界球。

3. 本球出界或球被本方球击出界应由队员在 15 秒之内用手将出界球放在与球同号的发球区，然后按发球的规则将球发出。

4. 球被对方球击出界，应由队员在 15 秒之内将出界球放置于中心圆停球区内。如果两个球同时被蹴击出界，则按规则 11.3 执行。

5. 本球击中对方球而双方球均出界，则守方先处置球。

6. 本球出界无连蹴权。

7. 若受到外界自然干扰，将场内的静止球改变位置或将场内的活动球挡在界内、外，均以最后止点来判定结果。

六、回避球

1. 回避球是指由队员申请，经裁判员同意，可以不向对方球进攻而蹴向任何方向、任何距离的球。

2. 每场比赛只允许每名队员在赛中休息前后各享有一次回避球申请权，若休息前未用，不得补加用于休息后的比赛中。

3. 回避球如出现其他情况，则判本球犯规由对方得分。

4. 在连蹴两次时，可以用任何一球回避。

5. 发球不得回避。

七、主动得分

1. 本球击中对方一球得 1 分。

2. 本球将对方一球击出界得 4 分。

3. 除发球外，蹴球中如遇各种情况同时出现，按事实，相应累计得分。

八、被动得分

1. 对方得 1 分

（1）当进行第一次蹴球时出现下列情况，攻方队员不再重蹴。

① 发球失误，球已经被触动。

② 半活球出停球区时，触及任何一球。

③ 蹴球或连蹴时，攻击死球。

④ 进攻方向或距离不符合规则要求。

⑤ 蹴击球后又连续以脚触球或球触脚。

⑥ 蹴击球动作不符合规定，如滑球、拨球、拉球、捅球等。

⑦ 有意击本方球。

⑧ 蹴击球前使球滚动。

⑨ 比赛中，裁判员认为非故意使身体或其他物体触及场内任何一球。

（2）队员蹴球前发生下列情况，判对方得一分后允许队员继续比赛：

① 未经裁判员允许队员擅自进入场内。

② 未经裁判员允许而擅自蹴击球。

③ 未按时完成蹴击球。

④ 用声音或其他方式间接影响对方蹴击球。

⑤ 擅自更换人次，如：双蹴时同方队员顺序错误。

⑥ 擅自更换比赛用球，如：用错号或用对方球等。

⑦ 未按规则蹴击球，如：处置球的先后顺序错误；放错发球区等。

⑧ 不满裁判员的判决而影响比赛正常进行。

⑨ 放定球后又触及球。

⑩ 放置死球时触及任何一球。若与其他球相连时，应由本人重新放置。

⑪ 选号以确定先后发球权，裁判员发出放球口令，运动员未按时完成放球。

⑫ 发球未触及中心圆。

2. 对方得 2 分

（1）将本方球蹴出界。

（2）发球出界。

（3）发球直接或间接触及任何一球。

（4）发球直接或间接将本方球蹴出界。

（5）半活球出停球区时，无论在区内或区外将本方球击出界。

3. 对方得 4 分

（1）发球直接或间接将对方球蹴出界。

（2）半活球出停球区时，无论在区内或区外直接或间接将对方球击出界。

（3）直接或间接将死球击出界。

4. 对方得累加分

（1）发球或蹴击球时出现蹴球动作犯规在先，而随之触或击到任何一球，只对犯规例进行判罚，给对方加分，其后情况不再累计。

（2）比赛中若故意用身体或借助外力破坏对方球的正常运行，或故意触及对方球以减少对方得分而取得利益，按当时可能出现的最高得分，给对方加分。

（3）除发球外，比赛中如遇两种或两种以上受罚情况同时出现，按事实，累计给对方加分。

九、比赛暂停

1. 比赛中，若参赛队需要暂停比赛，须由教练员或队员在本方取得蹴球权时向裁判员提出请求，经裁判员允许后方可行使暂停。

2. 每场比赛允许每队在赛中休息前后各请求暂停 1 次，时间为 1 分钟。暂停时，可以进行技术指导。

3. 在暂停时间内，队员不能出场（如有挡板则以挡板为界）接受指导，教练员不能进场指导。

4. 若场上队员发生意外，该队可以要求暂停比赛，但时间不得超过5分钟。

5. 因场上意外情况需要做处理，裁判员可令比赛暂停，待处理完毕立即恢复比赛。

第六篇　陀螺运动

第一章　陀螺运动概述

第一节　陀螺运动简介

陀螺运动是一项集对抗性、技巧性、趣味性为一体的体育项目。它对场地器材要求不高，易于掌握和推广。比赛可在平整无障碍物的平地上举行，比赛要求两队在场上必须按守、攻顺序进行互换。双方遵照规则，从守方放陀螺开始，由攻方将自己的陀螺抛掷，触击守方陀螺，将守方陀螺击出场区或与守方陀螺在场区内比赛旋转时间的长短。比赛只计攻方得分，以当场比赛的累计得分决定该场胜负，得分多的队为获胜队。

打陀螺的技术难度不高，但打陀螺要有高度的准确性和稳定的心理素质，要达到这些目的，必须坚持系统地训练，持之以恒。经常参加打陀螺运动，能够提高组织器官、系统的机能水平，培养健康的心理状态，树立良好的集体主义精神，促进人全面、协调的发展。通过打陀螺比赛，可以增进友谊，交流技艺，丰富人们的文化生活。

第二节　陀螺运动的起源与发展

一、陀螺运动的起源与发展

陀螺运动，也称打陀螺，又称“抽陀螺”、“赶老牛”、“打猴儿”、“拉拉牛”等，是瑶族、佤族、壮族、哈尼族、拉祜族、基诺族等民族流传已久的一项极有特色的传统体育项目。比赛时用鞭绳缠绕陀螺，互相旋放击打，互撞之后，以陀螺旋转时间较长者为胜。

关于陀螺的起源，据麻国钧等所著《中华传统游戏大全》考证，在北宋时已出现这个项目。宋人周密《武林旧事·小经纪》载：“若夫儿戏之物，名件甚多，尤不可悉数，如……千千车、轮盘车儿。”清人翟灏《通俗编》称：“宋时儿戏物有千千，见《武林旧事》……皆陀螺之类。”另外，古代宫廷妇女喜欢玩耍的“妆域”之戏，亦与陀螺颇相关联。从上面的记载来看，“千千车”、“妆域”等旋转类玩具，都是陀螺的前身。1926年，山西省夏县西阴村仰韶期文化遗址中出土的陶制小陀螺表明，陀螺运动在我国已有4 000年历史。明代刘侗、于奕正所作《帝京景物志》中有一首歌，“杨柳活，抽陀螺；杨柳青，玩空中；杨柳死，踢毽子。”一些古籍上也记载着陀螺的制作方法、形状、材料及游戏方法的介绍。

由于各地风俗不同，打陀螺也有着不同的玩法和开展形式。在我国北方地区叫抽陀螺，此项活动一般在冬春季进行，是用鞭子连续抽打陀螺，使之在冰面或平滑地面上不停地旋转，或相互碰撞，以旋转的时间长短判定胜负；宁夏人称之为打老牛；南方人叫打陀螺，是将一陀螺旋转后，其他人站在一定距离外，用旋转着的另一陀螺去击打它，看谁打得准，并看谁旋转的时间长的两个人对抗游戏。即一个旋放陀螺，另一个用自己的陀螺旋转撞击对方的陀螺，使之停转或破裂。比赛分单人对打、双人对打、旋散等多种方式。陀螺的形式各异，大小不一，佤族的陀螺像个鸡蛋，壮族的陀螺像个大盘子，瑶族的陀螺上部是圆形的，下部是圆锥形。据《中华民族传统体育志》记载，1945年，台湾桃源县大西镇成立了陀螺俱乐部，并制作了一个重达60千克的陀螺，100多人来打这个堪称世界之最的大陀螺。

郭溪泮先生在《中国民间游戏与竞技》一书中，就详细介绍了瑶族人打陀螺比赛的情形。瑶族人民在每年十月到次年二月的农闲暇日，都要开展各种形式的打陀螺活动，其中以正月十五元宵节举行的打陀螺最为热闹。比赛方式上一队队员旋放陀螺，另一队队员在一定距离之外以陀螺击打对方旋转的陀螺，如果击打的一队没有人击中对方的陀螺，判定为负，如果击中对方陀螺中的一个或几个，则以击中和被击陀螺旋转时间的长短判定胜负，然后判罚负的一队旋放陀螺，胜的一队击打之。

佤族、拉祜族也非常喜爱这一民族传统体育活动，每逢新米节和春节期间，都要举行打鸡棕陀螺的比赛。他们在地上画两条线，分前、中、后三场，前场为旋转陀螺区，中场为打陀螺区，后场为甩陀螺区，参与活动的人轮流旋转陀螺和打陀螺。拉祜族人的打陀螺很有意义，传说拉祜族人种的棉花不结桃，先祖要他们打陀螺，把陀螺打开花，棉花也就开花结桃了，为了祈求棉花丰收，拉祜族就兴起打陀螺，每逢节假日，都要举行对抗性的打陀螺比赛。

生活在我国的台湾省沿海及周围岛屿上的高山族人在打鱼和种田之余，将海螺和田螺倒过来尖朝下，制成了高山族第一个可以旋转的原始陀螺。从此，高山族的贝壳旋螺、木旋螺、竹旋螺、石旋螺、金属旋螺随之出现，形成了一个庞大的旋螺大家族。高山族的旋螺形式丰富多彩，有的项目比旋螺旋转时间长；有的用旋螺来相互碰撞；有的比旋螺的大小；有的比将旋螺打到指定位置；有的比打在同一位置谁打的距离远；还有在跳绳、跑动中的陀螺，各式各样，应有尽有。

此外，打陀螺也是苗族儿童所喜爱的一种活动，苗族地区有两种比较特殊的陀螺，一种是大陀螺，直径20厘米，最大的有2～2.5千克，用于比赛碰撞；另一种是两头尖的陀螺，两头都可以旋转站立。比赛时，用鞭抽陀螺，使其旋转，双方陀螺相撞，被撞倒者为负。

在一些民族中，陀螺制作的好、技法高超的小伙子往往会成为姑娘的意中人。常胜不败者还会被人们称为陀螺王。如高山族青年男女，以旋螺比赛，以旋螺健身，以旋螺交友，以旋螺恋爱，其乐无穷。

早在10世纪以前，中国的这种民间体育游戏就传到了朝鲜、日本等国，并流传至今。新中国成立以后，在党的民族政策和民族传统体育方针的指引下，陀螺游戏在各民族地区广泛开展，成为学校体育和群众文化娱乐活动的重要内容。由于打陀螺具有对抗性，又有娱乐性，同时能增强人的体质，击打者的上下肢、腰、眼、大脑都在运动。泥地、草地、硬地均可开展，而且老少皆宜，深受各民族群众所喜爱。因此1995年，广东第一届少数民族传统体育运动会上，打陀螺被列为竞赛项目。之后又在第一届至第四届全国少数民族传统体育运动会上被列为表演项目，1994年国家体委、国家民委把打陀螺列为第五届全国少数民族传统体育运动会的竞赛项目。全国民运会的正式立项，竞赛规则的逐步统一，各类邀请赛和地方民运会的举行，使陀螺运动在全国各地迅速发展起来。

二、陀螺运动的发展趋势

作为一项少数民族传统体育项目，陀螺运动拥有良好的群众基础。陀螺运动寓锻炼身体于娱乐之中，能起到调节情绪，愉悦身心，陶冶情操，提高学习和工作效率的作用。因此，宜在工矿、机关团体、社区、学校和村镇中开展。但是地域打法的差异和规则的不够完善，制约了这项运动更快速、良性的发展。现行的陀螺竞赛与民间陀螺相比，运动量和强度以及比赛的精彩程度和观赏性都较民间差。竞赛主要以碰撞和碰撞之后的旋转时间长短来确定比赛的胜负。因此，陀螺竞赛是短时间的运动，双方在场上持续时间短，尤其是击准之后。对运动员的要求也仅仅包括把陀螺放得快速旋转和击准两方面，趣味性较民间的连续击打碰撞决定胜负的方式差。如何让陀螺比赛更具观赏性、趣味性，持续的时间更长，是摆在陀螺工作者和管理部门面前的一个课题。

第二章　陀螺运动技、战术的教学与训练

第一节　陀螺运动的技术教学与训练

打陀螺的技术可分为放陀技术和攻陀技术两种。

一、放陀技术

（一）缠绕方法（以左手为例）

左手握陀螺顶部，用左手拇指在陀螺脚槽处压住鞭子尾尖部，右手持鞭向内缠绕，并用鞭压其尾端，不使其松脱。如图 6－2－1 所示。缠绕时鞭子要绕得紧密，将鞭头缠在右手上，拉紧鞭绳，同时右手拇指压在陀螺顶部，食指、中指托住陀螺侧下方，无名指和小指握住鞭绳并顶在陀螺侧面。如图 6－2－2 所示。缠绕陀螺的关键在于鞭子要绕得紧密整齐。持陀螺的关键在于拉紧鞭绳，拇指压实防止绳子松脱或脱手。

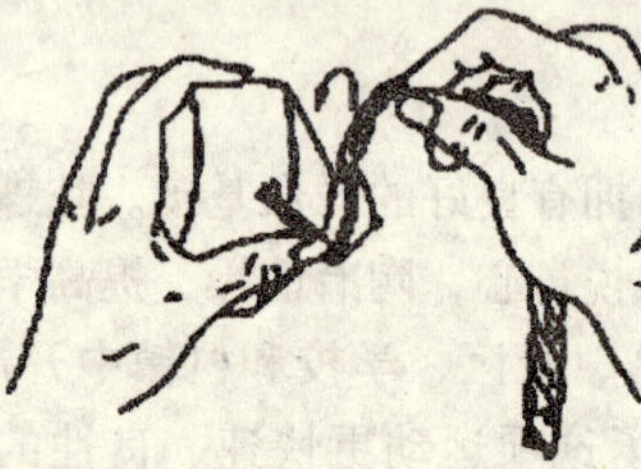

图 6－2－1

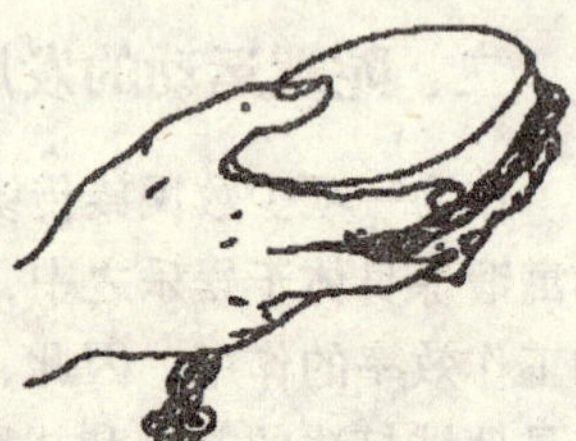

图 6－2－2

（二）旋放陀螺

1. 动作要领

将缠好的陀螺持握好，身体右侧对着旋放区（不能踩线）。放陀前两膝随上体旋动屈伸调整身体重心，左手持陀向左侧方引臂，右手持鞭随摆，重心随之移到左脚上，左膝稍屈，维持身体平衡，保证掷陀有较长的工作距离。引臂后，利用左脚蹬地和向右转体，带动左臂向前挥摆，使力量通过手臂和手指作用于陀螺，使陀螺平头朝上、锥尖朝下向旋放区飞出。右手持鞭顺势前摆，当

陀螺飞到旋放区上方距地面20厘米左右，右脚用力蹬地向左转体，右手持鞭向左猛力回拉，使陀螺的旋转获得更大的动力，同时将向前飞旋的陀螺回拉而平稳地落于旋放区内。还可以右手持陀，左手持鞭，要领相同，方向相反。动作的关键是水平甩出和用力抽回要控制好。将缠好的陀螺持握好，身体右侧对着旋放区。如图6－2－3所示。

图6－2－3

2. 动作要点

旋放陀螺技术要求准确，旋转要快，在放陀螺时必须确保落点准确的情况下加大旋转力量。

3. 动作重点

甩出力量大，抽回力量小，则落点远，反之则近。应根据具体情况控制甩出和抽回的力量大小选择落点。

4. 技术难点

加大平甩和抽回力量、速度，同时陀螺的落点和抽回的力量又密切相关。

5. 教法建议

旋放陀螺采用完整教学法。教学先从缠绕陀螺和持握陀螺开始，然后进行完整旋放陀螺教学，让学生做完整动作练习。重点、要求及难点都在平甩出和抽回力量、速度的控制。

（1）无旋放范围的旋放练习。要求动作正确，旋放的陀螺平稳转动。

（2）在旋放区内旋放陀螺。要求动作正确，旋放的陀螺平稳转动，但陀螺不能旋出区外。

（3）在缩小的旋放区内旋放陀螺。要求旋放的陀螺平稳转动，不能旋出区外。这种练习可以使旋放的准确性得到提高。

6. 易犯的错误和纠正方法

(1) 缠绕陀螺不紧密。原因是鞭尾没有缠紧造成松脱；或鞭子和陀螺磨擦力小，出现打滑现象。纠正方法是压紧鞭尾将之缠紧；清洗陀螺和鞭子上的沙土或水渍，防止打滑。

(2) 旋放时，陀螺横滚，不能直立旋转。纠正方法是注意将陀螺水平甩出，顶部向上，使陀螺垂直落地。

(3) 旋放后陀螺不转动或转动慢。纠正方法是正确运用动作技术，出陀螺时必须有力。如果甩出、抽回幅度太小，陀螺不能旋出，鞭子反而被缠住，不能旋转。

(4) 旋放陀螺走动不稳定。纠正方法是必须使陀螺垂直落地，否则陀螺就会走动。

(5) 旋放陀螺落点不准。纠正方法是在掌握正确的技术下，控制甩出与抽回力量，从而控制落点。

二、攻陀技术

(一) 缠绕陀螺与持握陀螺

攻陀技术与放陀技术在缠陀、持陀、持鞭的方法上是一样的。

(二) 攻打陀螺

旋打陀螺技术可分为助跑、最后用力、缓冲平衡三个部分。

1. 动作要领

(1) 助跑是为最后用力发挥较大的力量和速度创造有利的条件。助跑一般是四步到五步左右，速度不能太快，应逐渐加快，步子放松自然，上体面向前方，眼睛瞄准目标，手臂自然摆动，到最后两步时，上体右转向后一步超越器械。

(2) 最后用力是旋打的关键部分。攻方瞄准守方陀螺后，利用右脚蹬地，向左转髋，使髋轴与肩轴交叉，腰背肌肉扭紧，上体以左侧为轴向右转动，带动右臂向前快速挥摆，重心向左脚移动，至肘关节伸直时上体带动右臂从右侧将陀螺掷出手，使陀螺平头朝上、锥尖朝下对准守方陀螺飞出。出手角度是水平向下 5 ~ 10 度左右。陀螺出手后，右臂随势向左斜下摆动，腿屈膝维持身体平衡，防止踩越攻击线。这时，左手随即持鞭顺势左摆，用力拉动鞭绳，当鞭绳全部拉完后，陀螺即沿鞭绳拉力结束时的即时速度飞向守方陀螺。鞭绳拉完后迅速收回，防止鞭绳触及守方陀螺或鞭杆触及比赛场区。

图6－2－4

（3）陀螺出手时，由于惯性的作用，身体易失去平衡而冲出线外，这时应迅速降低身体重心，交换两腿，改变重心移动的方向，以维持身体的平衡。注意鞭子不能脱手掉地。

最后用力是旋打陀螺的关键部分，运用得好将会提高打陀螺的准确性和有效性。旋打者必须控制好出手角度、速度、抽回力量，才能准确地击中目标。

2. 动作要点

助跑的速度并不是完整技术的组成部分，在应用时应保持良好的身体平衡，使陀螺和旋打者成为一体，正确地摆好头的位置，眼睛始终盯着目标。

3. 动作重点

助跑的速度并不是越快越好。控制助跑的速度，与旋打者的技术熟练程度和身体素质水平相适应，要与最后用力紧密衔接。

4. 动作难点

在最后用力时，能否主动而准确地做出旋打动作，作为衡量助跑速度是否适宜的标准。必须反复练习，熟练地掌握出手角度、速度、收回力量，才能控制击打点。

5. 教法建议

旋打陀螺采用分解教学法与完整教学法相结合的方法，把助跑和最后用力分解教学，最后把两个部分结合起来进行完整教学。

6. 练习方法

（1）无目标原地旋打练习。要求动作正确，陀螺打出落地后仍在旋转。

（2）助跑练习。要求形成正确的超越器械的姿势。

（3）无目标助跑旋打练习。要求动作衔接连贯，用力正确，打出的陀螺旋转快，落地后仍平稳转动。

（4）远距离完整旋打练习。要求同（3），只是打出的陀螺要远些，注意抽回力量不能太大。

（5）近距离完整旋打练习。要求同（3），只是打出的陀螺要近些，注意出手角度低，抽回力量大。

（6）大目标、标准距离完整旋打练习。要求在动作正确的情况下，尽量击中目标。

（7）小目标、标准距离完整旋打练习。要求同（6）。

（8）有目标近距离练习。体会出手角度、速度、抽回力量的控制。

7. 易犯的错误和纠正方法

（1）旋打陀螺在地上滚动而不是转动。原因是缠绕陀螺不紧密，使陀螺松脱不能旋转；打出手时，陀螺顶部不向上（即不能水平甩出）。纠正方法是缠紧陀螺，手腕外旋出手，使它水平抛出。

（2）旋打落点不准确。纠正方法是必须运用正确动作技术反复练习，控制出手角度、速度及抽回力量，才能逐步提高命中率。

另外还有一种进攻技术，叫吊打陀螺技术。这种打法不用助跑，一般运动员在原地利用精准的线路、快速的出手速度击打防守方的陀螺，击打到守方陀螺的同时，通过鞭绳适时的回抽与对方比旋转时间得分。这种技术因命中率较高，对运动员力量要求相对较低，曾被广泛应用于打陀螺比赛，尤其是在女运动员当中运用更加普遍。但2006年陀螺规则修改以后，限制了进攻鞭绳的长度，此种打法失去了优势，即将淡出陀螺赛场。

三、基本训练原则

1. 示范、讲解动作方法，建立正确完整的动作概念

教师运用直观法进行动作示范或利用录像、图片等直观教具演示技术动作，使学生了解技术动作形象。结合运用语言法向学员讲解技术动作的名称、作用、方法、要领和要求等，使学生建立正确的技术动作概念。示范与讲解的结合，不仅能提高学生学习兴趣，激发学生的积极性、自觉性，而且能启发学生积极思维，加深对技术动作的理解。为了进一步建立正确完整的动作概念，教师应根据动作的结合和要求，多做重点示范，让学员的注意力重点放在动作的主要环节上，这将有助于学习掌握技术动作。示范时要注意位置和方向的选择，讲解要通俗易懂，简洁扼要，生动形象。

在讲解与示范的基础上，可以让学生试做，并把视觉、听觉、本体感觉联系起来，这是形成正确技术动作的重要方法。教师也可以从学员试做动作中检验普遍存在的问题，从而对所要学的技术动作进行补充讲解或示范，以动作规范来强化技术动作概念的形成。

2. 反复练习，形成技术动作正确的动力定型

掌握技术动作必须通过一定次数的练习，反复练习逐步形成正确的动作定

型。选择练习方法时要从学员的实践出发，即根据其年龄、性别、身体条件、素质水平等。在学员粗略地掌握动作阶段，一般采用完整练习法，促使学员形成技术动作的完整概念。在单一技术练习过程中，教师要先抓技术动作的主要环节，应把注意力集中在持陀和出手的动作上，协调等动作细节可暂不做要求。练习中学员完成动作的情况不尽相同，需要教师的指导与帮助。在学员掌握技术动作主要环节的基础上，再对技术动作的各细节提出要求，形成整个技术动作正确的动力定型。然后，根据完成技术动作的具体情况，变换练习的距离、速度，加大练习难度，提高练习的要求。同时，还要注意纠正出现新的错误，使技术动作正确的动力定型得以巩固，逐步达到协调、自然、放松、准确和不断完善。

第二节　陀螺运动的技、战术分析

一、技术分析

打陀螺根据比赛需要分为防守技术（即旋放技术）和进攻技术（即旋打技术）两个基本部分。

1. 防守技术分析

防守的目的是尽可能使进攻队员不得分或少得分，因而旋放陀螺的准确性、稳定性及其转动动能的大小构成了防守技术的关键。比赛要求在径为0.8米的圆圈内旋放陀螺，因此，必须熟练掌握旋放技术要领，控制好甩出与抽回的力量，使陀螺平稳旋出，落点准确。

稳定性是指陀螺在旋区内平稳、固定地旋转。比赛要求旋放陀螺相对稳定后，裁判员才能发出进攻的信号。如果陀螺出现跳动、走动等现象都不能进攻，必须等到陀螺相对稳定（着地点相对稳定）后才能进攻。但此时陀螺的动能就会减小，对进攻方有利。

要提高陀螺旋转的稳定性有两种方法：一是在制作陀螺时，降低重心且重心必须在圆心上。重心低的物体稳定性好，反之则差。另外重心如果不在圆心上，陀螺旋转时就会出现摇晃、跳动等不稳定现象，严重的则不能转动或横地滚动。二是在动作技术上，要让陀螺的中心轴垂直落地，落点准、稳，以防陀螺走动、摇晃。所以要将陀螺平甩、平抽，甩出高度不能太高，要尽量降低。

根据力学原理，转动动能：

E：转动动能

m：物体的质量

$$E_{转}=\frac{1}{2}mR^2\omega^2$$

R：半径

W：角速度

从式中可以看出，转动动能与物体的质量、半径、角速度成正比。陀螺的转动动能大，在被击中时不至于马上停旋。因此，必须提高陀螺的转动动能。提高陀螺的转动动能，首先要提高陀螺的角速度，即加大甩出和抽回的力量与速度。其次在制作陀螺时要采用较重的硬木料（比赛规定只能用木料），制成重心低、结构合理、易于旋转的陀螺。由于比赛只规定陀螺的高度（10～12厘米）和直径（9～10厘米），没有规定具体的形状，因此制作陀螺的好坏是影响技术发挥的一个重要因素。

2. 进攻技术分析

进攻的目的就是用陀螺准确地旋打击中防守陀螺，使之立即停旋，获得最高分。在这里准确性显得非常重要，因为只有击中后才能得分。影响准确性的因素有陀螺抛出的角度、速度及鞭子抽回的力量等。陀螺抛出后在空中的运动轨迹是一个向下的斜抛物线，它不仅受重力的作用，而且还受鞭子的拉力作用。如果出手角度大、速度快，抽回力量小，陀螺落点就远，反之则近。一般出手角度是水平向下5～10度较为合适。另外，出手早晚也影响准确性。以右手为例，如果出手过早，陀螺就会偏右，过晚则偏左。要想使防守陀螺停旋，进攻陀螺必须有足够大的动能与它正碰。

进攻陀螺的动能是转动动能与移动动能之和，即：u：位移速度

$$E_{动} = E_{转} + E_{移}$$

$$= \frac{1}{2}mR^2\omega^2 + \frac{1}{2}mv^2$$

从式中可以看出，位移速度u是决定动能大小的关键因素之一。而位移速度是由出手初速度决定的，同时又受鞭子拉力的影响。因此，出手速度要快，主动抽回鞭子的力量要恰当，不能太大或太小。力量太大，则陀螺位移速度会减小，从而达不到预定落点；力量太小，则使陀螺落点过远。另外，不能过分地加大陀螺的动能，盲目加大力量，会使准确性降低，必须在确保准确性高的情况下加大陀螺的动能。

二、基本战术

1. 防守战术

防守队员在旋放陀螺时应将陀螺旋放在离攻击线最远的旋放区内，使陀螺远离攻击线，增加进攻方的进攻难度。用左手反旋放陀螺，由于左手反旋放陀螺的旋转方向与旋打陀螺的旋转方向相反，而碰撞点方向相同，陀螺在受撞击时旋转不会减弱，因此，在团体赛中选择用左手旋放的队员会对防守有利。

2. 进攻战术

战术实施必须有熟练的技术为前提条件。进攻的目的是击中防守者的陀

螺。因此，在比赛中第一击显得尤为重要。第一击必须击中，用力适当，力求准确，为后面的进攻队员树立信心。团体赛中的第一击也是如此，第一击击中后，将鼓舞队员的士气，增强队员的信心。因此，在安排进攻顺序时，往往把准确性高的队员放在第一位。

第三章 陀螺竞赛规则

第一节 比 赛

一、定义

陀螺是一项两队在比赛场地上，从守方旋放陀螺开始，由攻方将自己的陀螺抛掷，击打守方陀螺，将守方陀螺击出比赛场区或比守方陀螺在比赛场区内旋转的时间更长的比赛项目。比赛只计攻方得分，以当场比赛的累计得分决定该场胜负，得分多的队为获胜队。

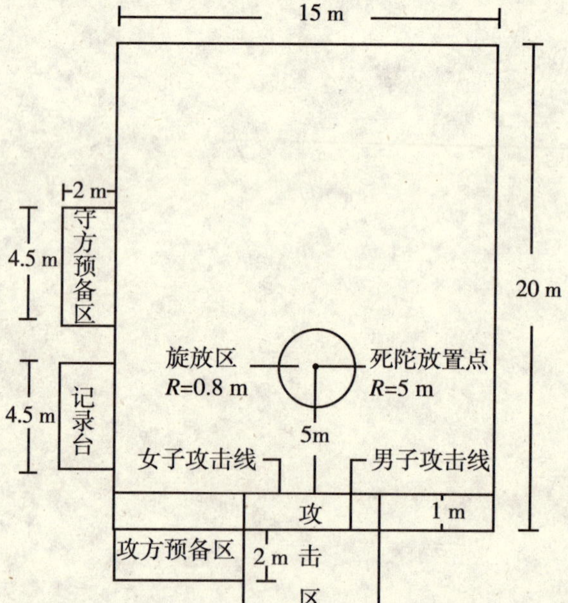

陀螺比赛场地示意图

二、比赛场地

陀螺比赛在平整无障碍物的地面上进行。比赛场地包括比赛场地和无障碍区。

1. 比赛场地面积

比赛场区为长20米（女子比赛场地长19米）、宽15米的长方形。场地线宽0.05米（以内沿计算），其四周应有2米以上的无障碍区。

2. 预备区

(1) 守方预备区

在场地左边线距底线4.5米的无障碍区内，画一4米×2米的长方形区域为守方预备区。

(2) 攻方预备区

在攻击线左侧底线外无障碍区内画一4.5米×2米的长方形区域为攻方预备区。

3. 死陀置放点

(1) 男子死陀置放点

由底线中点并垂直于底线，向场内6米处画一半径为0.05米的圆点，为男子死陀置放点。

(2) 女子死陀置放点

由底线中点并垂直于底线，向场内5米处画一半径为0.05米的圆点，为女子死陀置放点。

4. 旋放区

以死陀置放点中心为圆心，画一半径为0.8米的圆，为旋放区（可铺设橡胶垫）。

5. 攻击区

以底线中点向两侧3米处各画一条与底线垂直的平行线，线长2米。底线（以内沿计算）与两垂直线之间的区域为攻击区（以外沿计算）。攻击区可向底线外无限延长。

6. 攻击线

(1) 攻击区与底线重叠的线为攻击线。

(2) 攻击线宽0.05米（以外沿计算）。

三、比赛器材

1. 陀螺

(1) 比赛一般采用非金属平头陀螺。

(2) 陀螺不得上色，除锥尖可装置直径不超过0.004米的金属钉外，不得填充或装饰金属或其他材料。

(3) 陀螺直径为0.09~0.10米，高度（含钉高度）为0.10~0.12米。

陀螺圆柱体高度0.05～0.06米，圆柱体的丈量从陀螺的顶部平面至与锥体的交界处，质（重）量800～900克。

2. 鞭

（1）鞭由鞭杆（无鞭杆亦可）、鞭绳组成。

（2）鞭绳不得用金属材料制作，其粗细不限，鞭绳长度男子为6米，女子为5米（不得少于2米），鞭杆长度不长于0.6米。

3. 比赛中应有验陀仪，当场检验合格并做标记、攻守陀螺区别标记。

第二节　比赛通则

一、比赛办法

1. 团体比赛

（1）守方队员按下列号码顺序轮换放陀；第一轮为1、2、3；第二轮为2、3、1；第三轮为3、1、2。攻方队员按1、2、3顺序轮流进攻，各轮攻击顺序不变。

（2）攻方进攻3次，守方放陀3次为一轮；三轮为一节；每节比赛结束，双方互换攻守。两节为一局；两局为一场。

（3）第一局比赛结束后，按赛前抽签决定的攻守顺序两队互换，局间休息3分钟。

2. 单项比赛

（1）单打按抽签顺序攻守。每场比赛每名队员攻守各6次（双方运动员进攻或防守一次，并交换位置）。

（2）双打比赛，攻方每人进攻2次，守方每人放陀2次为一轮；两轮为一节，两节为一场。

（3）在双打比赛中，守方队员按号码顺序轮换放陀，第一节为1、2；第二节为2、1。攻方队员按1、2顺序各连续进行两次攻击。然后双方攻守互换，直至每人完成攻守各4次。

二、赛前准备

1. 赛前15分钟，双方队员必须到达比赛场地进行检录。

2. 赛前5分钟，由教练员把比赛顺序表送交记录台后，名单不得更改。

3. 赛前由双方队长抽签决定攻守顺序。

三、比赛方法

1. 比赛由裁判员鸣哨示意攻守双方队员在各自预备区内就位。

2. 攻守双方运动员须在预备区内将陀螺用鞭绳缠绕好，缠绕在陀螺上的鞭绳长度不得少于 1 米。

3. 裁判员鸣哨并用明确手势示意守方队员旋放陀螺为比赛开始。守方队员可在旋放区外任何位置旋放陀螺。

4. 待守方队员旋放陀螺并退回预备区后，裁判员即鸣哨并以手势发出攻击信号，攻方队员即可对守方陀螺进行攻击。

5. 当裁判员做出判定报分后，该次攻守即结束。攻守双方队员方可进入比赛场区内取回陀螺。

四、器材更换

1. 运动员只允许使用经裁判员检验合格的器材参加比赛。

2. 比赛中若遇器材损坏，可报请裁判员更换。经裁判员检查同意后，须在 2 分钟内更换完毕。

五、比赛判定

1. 停转

（1）陀螺整体静止。

（2）陀螺呈椎尖离地的转动。

2. 死陀

（1）死陀的判断

① 在裁判员明确发出放陀信号后，未用鞭绳将陀螺缠绕好。

② 在裁判员明确发出放陀信号后，器材脱手或松绳掉陀。

③ 陀螺旋放在旋放区外。

④ 陀螺虽已旋放在旋放区内，但在守方队员（含鞭）未退出场外前停转或旋出旋放区。

⑤ 陀螺虽已旋放在旋放区内，但在裁判员发出攻击信号后攻方未实施进攻的有效进攻时间内，守方陀螺停转或旋出旋放区。

（2）死陀的判罚

① 由裁判员将陀螺平头朝下置于死陀置放点上，重新发出攻击信号，由攻方队员进行攻击。

② 死陀被攻方陀螺击中后，均视为停转。

3. 无效进攻

（1）未用鞭绳将陀螺缠绕好。

（2）未直接将陀螺投入旋放区内。

（3）直接将陀螺投入旋放区内后，未间接击中守方陀螺。

（4）裁判员发出攻击信号后5秒钟内未完成的进攻。

（5）鞭绳触及守方陀螺（缠在陀螺上的鞭绳除外）。

（6）裁判员未发出进攻信号且守方陀螺未被判为死陀时即实施的进攻（无论击中与否）。

4. 有效进攻

具备下列四种情况为有效进攻：

（1）必须用鞭绳将陀螺缠绕好。

（2）直接将陀螺投入旋放区内直接或间接击中守方陀螺。

（3）裁判员发出攻击信号后5秒钟内完成的进攻。

5. 打停

在有效进攻中，攻方陀螺仍在场地内旋转的前提下，出现下列情况判为打停：

（1）使守方陀螺出界。

（2）使守方陀螺停转。

6. 旋胜

在有效进攻中，攻守双方陀螺均在场内旋转，守方陀螺先于攻方陀螺停转。

7. 旋平

在有效进攻中，出现下列情况判为旋平：

（1）双方陀螺均出界（不分先后）。

（2）双方陀螺同时在场内停转。

（3）守方陀螺停转，攻方陀螺出界或攻方陀螺停转，守方陀螺出界。

（4）攻方陀螺击中死陀螺后停转或出界。

8. 旋负

在有效进攻中，出现下列情况判为旋负：

（1）攻守双方陀螺均在场内旋转，攻方陀螺先于守方陀螺停转。

（2）攻方陀螺停转或出界，守方陀螺仍在场内旋转。

第三节 比赛间断与延误比赛

一、暂停和换人

1. 暂停

（1）团体比赛中每局允许请求1次暂停。

(2) 要求暂停须由教练员向记录台提出。记录台鸣笛经裁判员同意方可实施暂停。

(3) 暂停时间为 1 分钟。

2. 换人

(1) 团体比赛中，每场只允许替换 1 名队员。

(2) 要求换人时，须由教练员向记录台提出。记录台鸣笛经裁判员同意后即可换人。

二、延误比赛及判罚

1. 延误比赛

比赛中以不正当行为拖延比赛继续进行，出现下列情况者给予警告：

(1) 裁判员未发出放陀信号前的放陀。

(2) 裁判员未发出攻击信号前，守方陀螺已呈死陀时，攻方队员实施的进攻。

(3) 守方旋放的陀螺被判为死陀后，守方队员仍不退出场外。

三、比赛意外中断

1. 外界干扰

比赛中，若遇无关人员或非本场陀螺进入赛旋区而触及本场任何一方的陀螺以及其他意外事故而影响比赛的正常进行时，裁判员应立即鸣哨中断比赛，双方该次攻守的行为和效果均为无效。

2. 受伤

(1) 比赛中，若发生严重伤害事故，裁判员应立即中断比赛，双方本回合的放陀和攻击行为均为无效。

(2) 团体比赛中，如发生运动员受伤，裁判员可允许替换。

(3) 比赛中，因不可抗拒原因中断比赛，以双方中断时的比赛成绩为有效成绩。

第四节　得分、比赛胜负及名次计算

一、得分

1. 比赛只计攻方得分。

2. 打停得 4 分。

3. 旋胜得 3 分。

4. 旋平得2分。

5. 旋负得1分。

二、比赛胜负

1. 团体比赛结束后，若两队得分相等，休息5分钟，抽签决定攻守顺序，加赛一局。若得分再相等，按此方法处理（中间无休息），如加赛3局比分仍相等，则以加赛前的最后一局中的4分、3分、2分、1分的多少给予判定。如仍相等，则以倒数第二局的相应得分给予判定。如仍相等，则依次类推，直至决出胜负。

2. 单项比赛中，一场比赛后双方得分相等，抽签决定攻守顺序，每人再攻守各1次。若得分再相等，则继续加赛，如加赛5次，比分仍相等，则以加赛前的最后一场的4分、3分、2分、1分的多少给予判定。如仍相等，则以倒数第2场的相应得分给予判定，如仍相等，则依次类推，直至决出胜负。

三、名次计算

1. 各队（人）胜一场得2分，负一场得1分，弃权得0分。积分多者名次列前。

2. 若遇两队（人）积分相等，以两队（人）之间的胜负决定名次，胜者列前。

3. 若两队（人）以上场次积分相等，则根据他们之间的场次得分计算，得分多者名次列前；若得分再相等时，按各场比赛所得4分、3分、2分、1分的累计总次数顺序类推决定名次，大分值多者名次列前。

4. 若再相等，则从比赛最后一场的最后一陀开始，往前类推对比，分值高者列前，直至推算出最终结果。

第五节 犯规、不良行为及判罚

一、犯规及判罚

1. 犯规

（1）守方队员旋放陀螺时身体的任何部位及鞭杆触及旋放区。

（2）攻方队员在攻击时身体的任何部位或鞭杆超越攻击区各条线段而触及比赛场区地面。

（3）攻方队员实施攻击后，可滞留在攻击区内。但在裁判员未做出最后判定和报分前，身体的任何部位及鞭杆超越攻击区而触及比赛场区地面。

(4) 在裁判员未做出最后判定和报分前，守方队员身体的任何部位触及比赛场区地面（提前进入比赛场区）。

(5) 无效进攻。

(6) 顺序错误。

比赛中，攻守的一方或双方未按比赛位置表顺序出场参加比赛。

(7) 更换器材的时间超过 2 分钟。

(8) 在裁判员未做最后判定前，攻方队员在比赛场区所含攻击区内触及任何一方的比赛陀螺。

2. 犯规的判罚

(1) 攻方犯规，判其失去该次进攻机会；守方犯规，判攻方得 4 分。

(2) 判罚对象

判罚对象特指实施放陀或攻击的队员。

(3) 对于超越无障碍区比赛场区线段的其他队员及当场教练员，应给予警告的处罚，但处罚的时机须在该次攻守结束后。

(4) 比赛中如在一轮的比赛结束后发现顺序错误，则不予追究，比分有效。

二、不良行为及判罚

1. 不良行为

(1) 有意干扰、恫吓对方。

(2) 违背道德和文明举止，有侮辱性表示。

(3) 诽谤、侮辱性语言或形态。

(4) 人身侵犯或企图侵犯。

2. 不良行为的判罚

对于不良行为者，第一次给予警告（黄牌）。第二次则取消其本场比赛资格（红牌）。

第七篇　板鞋竞速

第一章　板鞋运动概述

板鞋运动是我国优秀的少数民族传统体育项目之一，它主要分为竞技和表演两大类，其中板鞋竞速已经被列入全国少数民族传统体育运动会的竞技项目之中。

第一节　板鞋运动简介

一、板鞋竞速运动简介

板鞋竞速又称三人板鞋竞技，是由间隔紧凑的三名队员纵队排列，脚穿同一副板鞋，徒手搭肩或扶腰后，以相近姿态和同一步频向前快速奔跑的团队竞速性运动项目。

板鞋竞速是一项集群众性、娱乐性、竞技性于一体的少数民族传统体育，同时也是一项非常独特的健身娱乐活动。板鞋竞速运动不但能增强人民体质，而且运动时步调一致，行走灵活，协调自然，很受少数民族同胞的喜爱，尤其受到壮族人民的欢迎。每逢喜庆的节日、假日，板鞋竞速便成为壮族体育爱好者、学校和学生开展健身活动的项目之一，吸引着众多群众的参与。

除板鞋竞速外，板鞋竞技比赛的形式还包括板鞋竞技戏水、板鞋竞技抢水球、板鞋竞技抛绣球、板鞋竞技踩气球和民间的板鞋竞技抢粽粑等。

二、板鞋运动表演类项目简介

板鞋集体表演的形式包括板鞋集体舞、板鞋秧歌舞、板鞋拳术等。大多是由三人或多人的组合，脚穿板鞋，徒手搭肩或扶腰，手持鲜花、绸带、扇子或各种装饰物，编排不同的队形，踏着欢快、协调的步伐，在音乐的伴奏下进行表演。

（一）板鞋舞

动作方法：以三人板鞋为例，手上可持扇子、绸带等装饰物，边走边舞，队形有直线形、曲线形、圆形等，可向前走、向侧走、转弯走、后退走……配合各种花样的舞步动作，把舞台艺术与体育动作融为一体，呈现出独特的民族风格。

动作关键：动作节奏性强，左、右脚踏步要快，手、脚动作积极配合，力求动作整齐，步调一致。

（二）板鞋拳术

动作方法：以二至三人板鞋为例，步伐整齐，步形主要是弓步、马步、虚步、跨跳步、退步等，配合手形包括拳、掌、勾手等，并结合武术拳术套路。动作要刚柔相济、沉实稳健，冲拳时结合民族语言发声，借声催力，培养勇敢顽强、坚忍不拔的意志品质。

动作关键：步伐衔接要连贯、迅速，身体重心要保持平衡。

（三）龙凤板鞋竞技

动作方法：以三人板鞋为例，男女龙凤队比赛，男队员头上戴龙形装饰物的为龙队，女队员头戴凤凰形装饰物的为凤凰队，各队人数可单可双，也可连成一排。同等距离同时出发，哪个队速度快则为胜方。

动作关键：步伐一致，整齐划一，竞技比赛两队较量速度时，手持器械或物品，自然配合两臂摆动，转弯时重心要稳。

第二节 板鞋竞速的起源和发展

一、起源与发展史

板鞋竞速是我国壮族民间传统体育项目之一，起源于明代。相传，明代倭寇侵扰我国沿海地区，广西河池地区的瓦氏夫人率兵赴沿海抗倭。当时，瓦氏夫人为了让士兵步调一致，令三名士兵同穿上一副长板鞋齐步跑，长期如此训练，士兵的素质得到大大的提高，斗志高涨，所向披靡，挫败了倭寇，为壮乡人民立了大功。后来，广西省南丹县那地州壮族人民，模仿瓦氏夫人练兵方法，将板鞋竞速活动开展起来，自娱自乐，相袭成俗，流传至今。

随着时间的流逝，板鞋竞速项目逐渐被政府相关部门挖掘和保护起来，将这一民间游戏逐渐修改完善成为一项较正规的体育运动，并组织起相关比赛。

自全国少数民族传统体育运动会开办以来，板鞋竞速运动就成为表演项目之一，逐渐被全国人民所接受。

板鞋竞速运动在广西省少数民族传统体育运动会上，居于重要的位置，更为继承和发展少数民族传统体育起到了极其重要的作用。

二、发展现状

板鞋竞速同广大体育运动一样遵循着同一规律，优秀的竞技体育项目必将会展现在全国甚至全世界的舞台之上。

2006 年 8 月在广西省南宁市举办的全国板鞋竞速邀请赛上，来自我国各省市、自治区、直辖市的代表队，共计 24 支队伍，经历了几天的较量，冠、亚、季军均被广西省获得，河北省获得女子项目第四名。

通过本次邀请赛，不仅对板鞋竞速运动的发展得以促进，更重要的是，国家民委正式将板鞋竞速项目列入到全国少数民族传统体育运动会竞技项目当中，标志着 2007 年 11 月在广州市举办的全国第八届少数民族传统体育运动会上，我们又将目睹其风采。

第二章 板鞋竞速技、战术教学与训练

第一节 板鞋竞速技术动作要领

板鞋竞速的基本技术是由预备式、原地踏步、向前走、弯道走、快速跑和摆臂冲刺几个部分构成的。原地踏步和向前走决定板鞋竞速的速度，弯道走、快速跑和摆臂的幅度决定板鞋竞速步伐的稳定性。

（一）预备式

以右脚为例，当同伴都穿好板鞋后，练习者站立，两眼平视，双手扶在前一同伴的肩或腰上，先上右脚后上左脚，准备踏步。

（二）原地踏步——向前走——快速跑

当队员预备式准备完毕，一人或一齐喊口令“一、二、一、二、一……”或“左、右、左、右、左……”原地踏步，声调押韵，步伐统一，摆腿屈角、高度等因素一致，熟练后，两手互相不再搭扶，自然摆臂向前走，再慢慢地过渡到自然跑、快速跑上，最终提高竞技速度。

（三）弯道走

本环节三名队员特别要保持身体重心，克服转弯时的倾斜度，以左转为例，走动时身体稍向内倾斜，右肩高于左肩，右臂摆动幅度稍大且稍向外，左臂摆幅略小些，右脚前抬时稍向内扣，用前脚掌的内侧扣紧板鞋，左脚外侧稍用力，在转弯后整个身体逐渐过渡到正常姿势，继续快速往前跑。

（四）终点冲刺

接近终点时，目视前方，上体要稍前倾，两小腿积极前摆，带动两脚加大幅度，快速向前摆动，冲过终点线。

当然，板鞋竞速不完全等同于一般田径运动中的竞速类项目，它最大特点就是团队作战，依靠三人跑动的一致性为基础，逐渐提高配合能力与默契程度，从而提升跑动速度。

从根本上解决板鞋竞速速度的主要因素有：三名队员最大步长的合理性，三名队员步频的一致性，三名队员的默契程度等。通过合理选材，拟定系统训练计划，依靠教练员和队员刻苦努力，完成系列练习，会将以上个因素指标得到明显提高，从而加快移动速度，提高成绩。

第二节　板鞋竞速技、战术运用

由于是三人或多人穿一副板鞋进行各种动作的运动，因此掌握板鞋竞速技术十分重要。板鞋竞速技术的灵活应用是为了在表演或对抗中争取时间和空间的优势，为完成具体的动作要求创造条件，因此队员应紧密配合，步调一致，比赛中根据动作规则要求，与同伴注意动作快慢与变换动作相结合，从而提高竞速水平。

第三节　板鞋竞速技、战术教学与训练方法

（一）技术教法的建议

1. 板鞋竞速教学的重点是穿板鞋行走时脚步的协调性。教师讲解动作和示范要正确，教学中注意循序渐进，由易到难。先教原地踏步走，后教行进间走、竞走、慢走、急停、起跑、变速走和弯道走，最后是快速跑。

2. 教师要抓好队员穿板鞋原地踏步基本技术的练习，其中特别注意和同伴保持步调一致。

3. 板鞋竞速快速走、跑是高强度练习，尤其是对抗性练习，教师要充分调动队员的积极性，努力培养队员顽强的意志，提高全队的战斗力。

（二）板鞋竞速训练方法示例

1. 板鞋竞速辅助训练

（1）辅助训练形式：

a. 三人徒手一致性练习。

b. 皮筋练习——模拟穿板鞋，三人足踝绑皮筋进行练习。

c. 细绳练习——模拟穿板鞋，三人足踝绑细绳进行练习。

（2）准备活动练习：穿板鞋，三人配合大跨步直线行进（慢节奏以最大步长行进）。

穿板鞋，三人配合大跨步弯道行进（慢节奏，以最大步长行进）。

穿板鞋，三人高抬腿配合（慢节奏，注意高抬角度的一致性）。

穿板鞋，三人高抬腿配合（快节奏，注意高抬角度的一致性）。

穿板鞋，三人高抬腿直线行进（快节奏，注意高抬角度的一致性）。

穿板鞋，三人高抬腿弯道行进（快节奏，注意高抬角度的一致性）。

穿板鞋，快节奏，原地小步跑（注重频率的一致性）。

穿板鞋，快节奏，小步跑行进（注重频率与步伐的一致配合）。

穿板鞋，倒走，倒慢跑。

（3）起跑练习：平跑，三人间隔1米，横排站立准备，自喊起跑。

平跑，三人间隔1米，纵排站立准备，自喊起跑。

皮筋练习，自喊起跑。

皮筋练习，听哨起跑。

细绳练习，自喊起跑。

细绳练习，听哨起跑。

穿板鞋，自喊起跑。

穿板鞋，听哨起跑。

（4）途中跑练习：皮筋练习，细绳练习，穿板鞋跑，穿板鞋进行斜坡训练，负重训练。

（5）弯道跑练习：皮筋练习，细绳练习，穿板鞋跑。

（6）冲刺跑练习：同上，此外增加三人身体同时同角度前倾的练习。

2. 板鞋竞速基本技术练习

（1）穿板鞋原地踏步练习，体会动作的协调性和步伐的一致性。

（2）二人板鞋配合踏步向前走练习，体会动作的一致性。

（3）三人、四人或多人板鞋配合练习，整齐向前走，体会步调一致。

（4）二至三人板鞋竞走比快练习，体会不脱板的踏步向前走。

（5）二至三人板鞋分组竞技比快练习，体会竞赛中提高竞技速度。

（6）结合板鞋进行弯道走、转弯跑的基本技术练习，提高全程竞技速度。

（7）手持器械（球或其他物品）进行趣味性的对抗练习，提高动作的灵敏性，培养良好的心理素质。

3. 板鞋竞技教学游戏示例

动作名称：龙凤板鞋竞技。

竞技目的：练习者穿上板鞋，头戴龙、凤装饰物，通过龙凤板鞋竞技，提高统一步伐、向前快速跑的能力。

竞技准备：三人板4副，记分牌1块，大鼓1个，旗子1面，哨子1个。正、副裁判共3人，鼓手1人，记分1人。

竞技方法：

（1）发出信号前，每队自设一人喊“一、二、一”口令，目的使步伐一致。

（2）当发出信号后，每组排头应迅速起动向前整齐快跑，到凳子的位置时转弯折回，与第二板的第一位队员拍手或交换物品（棒），交换后第二板继续进行，如此顺序交换到最后一板结束，哪个队的速度快为胜方。也可以以轮数的总和计时，哪个队时间少为胜方。

（3）鼓手配合裁判信号，比赛时连击鼓点。

（三）教学注意事项

1. 动作错误

起步不统一，穿板鞋不稳，左、右脚节奏性差，抬脚高度不够，步伐不整齐，转弯时重心不稳，造成队员脱板或摔倒等。

2. 纠正方法

思想要集中，一人或三人一起喊“一、二、一”或“左、右、左”达到全体队员动作协调、步伐一致。

加速和转弯时队员之间要相互暗示。出现脱板时要互相鼓励，使全队队员充满信心，争取胜利。

3. 教学注意事项

（1）穿板鞋要稳、牢，先掌握原地踏步技术，再过渡到向前走、快速跑。

（2）如果有队员摔倒，要快速相互扶起后再向前走。

第三章 板鞋竞速竞赛规则

一、定义

板鞋竞速是由多名运动员一起将足套在同一板鞋上，在田径场上进行的比赛，以在同等的距离内所用的时间多少决定名次。

二、场地

（一）在标准的田径场地上进行。

（二）场地线宽均为5厘米，跑道分道宽2.44～2.50米。

（三）可根据比赛的需要和场地状况设置跑道的多少。

三、器材

比赛板鞋以长度为100厘米，宽度为9厘米，厚度为3厘米的木料制成。以三人板鞋为例，每只板鞋配有三块宽度为5厘米护足面皮，分别固定在板鞋规定的距离上，护皮以套紧脚面为宜。第一块护皮前沿距板鞋前端7厘米，第二块护皮在第一块护皮与第三块护皮的中间，第三块护皮后沿距板鞋末端15厘米。

四、竞赛

竞赛分单项比赛和接力比赛两大类。

五、竞赛办法

（一）比赛中，运动员应自始至终在各自道次内进行。

（二）比赛方法

1. 起跑口令

各就位：运动员将板鞋置于跑道起跑线前，运动员共套好板鞋，任何一只的板鞋不得触及或超过起跑线。

鸣枪：枪响后，运动员方可起动跑进。

2. 途中跑

运动员在比赛过程中，如果出现某一队员脚脱离板鞋脚触地或摔倒，须在触地（落地）处重新套好板鞋继续比赛。

3. 终点

以第一名运动员身体躯干任何部位抵达终点线后沿垂直面瞬间为止，运动员的身体和板鞋须全部超过终点线后才能分离。

4. 接力赛

接力区：每个接力区长度为 10 米，在中心线前后各 5 米，交接的开始与结束均从接力区分界线的后沿算起。

要求：接力赛采用多副板鞋组成棒进行比赛；第一棒队员和第二棒队员的交接必须在接力区内完成；完成交接的队员应停留在各自的分道或接力区内跑道畅通后方可离开；每队服装须统一。

六、计时

全自动电子计时或手动计时均可，电子计时成绩均以百分之一秒为最小计时单位。

七、犯规与判罚

（一）犯规

1. 抢跑：鸣枪前跑进起跑线。

2. 串道：运动员在比赛过程中串离本跑道。

3. 比赛中运动员脚脱离板鞋触地，未在原地穿好板鞋。

4. 运动员抵达终点时，两只板鞋的一部分仍未过线，与板鞋分离。

5. 运动员在比赛过程中，有阻挡或妨碍其他运动员跑的行为。

6. 接力赛：队员在接力区外交接接力棒；在退出接力时，阻碍或妨碍其他运动员跑进。

（二）罚则

1. 抢跑犯规：第一次给予警告，第二次取消犯规者该项目比赛资格。

2. 发生规则第七项中第一点的第二条至第六条中之一者，取消犯规者该项比赛资格。

八、名次

板鞋竞速的名次排定以比赛中的决赛成绩决定，时间少者名次列前。

九、弃权

（一）在规定检录时间内三次点名未到场为弃权。

（二）中途退出比赛为弃权，无成绩。

十、申诉

（一）对运动员参加比赛资格提出异议，应在大会开始前仲裁委员会或资格审查委员会提出，在未有结果前，应允许该队员参加比赛。

（二）参赛运动员若对比赛结果有异议，可在比赛结果宣告后30分钟内，向仲裁委员会提出书面申诉，同时交纳申诉费。仲裁委员会对申诉做最后裁决。

（三）大会竞赛部门应负责记录所有成绩宣告的时间。

第八篇　押加运动

第一章　押加运动概述

第一节　押加运动介绍

押加——又称“大象拔河”。形象有趣，简便易行。是一项在藏族人民中广为流传的集竞技、娱乐、健身为一体，具有浓郁民族气息的体育运动。比赛时运动员背对背将一绳圈通过跨下套在脖子上，可双手着地，利用爆发力将对手拉过中线为胜利。之前本项比赛只限制男子参加，按体重分级别比赛，新规则增设女子比赛。

此项运动的器材也很简单，只需准备一条直径为 2 厘米、长度约 6 米两端绾做环套状的绳子即可（由以前的绳子演变成用绸子扎成的绸带，对运动员的保护性更好）；拔河绳的正中部位系一条红带，并使其处于中线的垂直上方。

押加作为群众运动和游戏一般比赛包含了单人拔河、双人拔河、三人拔河三种形式。以单人拔河为例，包括颈力比赛、腰力比赛、手力比赛。

一、颈力比赛

颈力比赛分为坐姿和站姿两种形式。

1. 坐姿比赛的形式

参加比赛的两人，相对坐在平地上，两腿伸直，双脚相抵，把打结的布带绳环套在颈部，躯干与腿成 90 度角，将绳拉直。裁判员发令后开始比赛，双方都以脖颈用力，想法设法把对方拉向自己一侧。哪一方臀部离地或绳中心线偏向对方，即被判为失败。比赛时不能用手抓绳子和手撑地，否则为输。

2. 站姿比赛的形式

参赛两人面对面站立，把打结的绳环套在双方的脖子上并将赛绳拉直，赛绳的标记垂直于中界，两脚站立方法不限。听到开始的口令后，双方用颈部力量向后拖拉，谁能把赛绳中线的标志物拉过河界即为获胜。比赛时不得用手抓赛绳。

二、腰力比赛的形式

腰力比赛是把绳环或打结的布带套在比赛者腰部进行拔河比赛。双方比赛者可以面对面站立或者背对背站立，把绳环套在双方腰部或腹部拉直，赛绳的标记垂直于中界，手放位置和脚的动作站位不限。此项活动面对面比赛时，不能用手抓赛绳；背对背比赛时，可以用手抓赛绳，甚至还可以用手助拉，不算犯规。

三、手力比赛的形式

手力拔河比赛是用手抓赛绳进行的拔河比赛，可分为单项和集体两种形式。单项比赛简单易行，胜负决定明了。集体项目有男对男、女对女、男女混合赛等多种形式（与内地拔河比赛相似），比赛时胜负不易分出，一般都是在指挥员的合理指挥下队员协同作战，在观众热烈的助威下完成比赛的。

第二节 押加运动起源与发展

一、起源与发展史

押加又称“大象拔河”和“藏式拔河”，在西藏已有百年的历史。在川藏两地，类似的活动称为“贲牛”。甘孜藏族自治州还有一种把腰带套在脖子上、面对面站立的拔河游戏，称做“格吞”。

押加，藏语叫“浪波聂孜”，意为大象颈部技能。在藏区这一项目最普及，故称之为藏式拔河。比赛前，选一块平地，先在地上画两条平行线作为河界，中央又画一条中界，准备一条长约4米的绳子式布带并两端打结。比赛由两人进行，双方各自把绳子套在脖子上，两人相背，将赛绳经过腹胸部从裆下穿过，然后趴下，双手着地，赛绳拉直，绳子中间系一红布为标志，垂直于中界。听到比赛开始的口令后，两人用力互拉前爬（爬拉动作模拟大象）。用腿腰肩颈的力量拖动布带奋力向前爬，以将红布标志拉过河界者为胜。

藏族是一个勤劳、勇敢、智慧的民族，早在公元7世纪初期，具有雄才大略的赞普松赞干布，就统一了整个西藏地区，史称“吐蕃”。在漫长的历史进程中，藏族创造了辉煌灿烂的传统文化，也形成了丰富多彩、独具特色的民族民间体育运动，主要有赛马、射箭、藏棋、摔跤、登山、游泳、抱石头等。这些传统体育运动在广大藏区广泛流行，深受藏族群众的喜爱。由于藏族英雄史诗中的格萨尔王曾经在西藏的中北部活动，从那个时代开始流行的“押加”比赛项目，至今依然盛行于西藏北部及青、川、甘等省的藏区群众中。

历史记载格萨尔王在攻打达惹、罗宗国后返回途中，发现上千头牦牛，便采取拔河的方式对其进行分配。也有的人说大象拔河起源于印度，后随佛教的传入而流行于藏区，深受哈萨克族、柯尔克孜等群众喜爱。

押加这项传统的民族体育项目是在西藏特殊的自然环境和独特的民族生活习俗基础上产生的，并以独特的形式世代相传，深受广大藏族群众的喜爱，具有深厚的群众基础，因此得以保存和发展。在第一届至第五届全国少数民族传统体育运动会中押加为表演项目，1999 年第六届全国民运会上押加被正式定为竞赛项目。

二、发展现状

押加的活动形式有大象拔河、颈力比赛、腰力比赛和手力比赛等。在藏区押加比赛开展得很普遍，一到节假日各地都举行押加比赛。平日农牧闲暇时，在牧场上、在田间，人们相互把两条背带或腰带连在一起，以游戏的形式练习和比赛。由于押加的基本技术、比赛规则和场地设备比较简单，因此是一项比较容易开展的民族传统体育项目。此项运动不受年龄的限制，甚至男女老少都可以参与，因此它可以吸引更多的群众来参加。

在民族院校，押加也是很受学生喜爱的一项民族传统体育项目。学生不仅组织各种规模的押加比赛，甚至在课外活动、课间休息的时间也经常进行押加活动。由于押加可分为单人、双人或多人进行比赛，不同参赛人数有不同的要求，但都要求快速起动，用腿、手、腰、颈及全身的力量将对方拉到本方一边。这些动作可以发展身体各器官技能，增强体质，促进健康；锻炼人们的力量、速度、灵活及耐力等身体素质，都起着良好的作用，同时还可培养人们勇敢、顽强、克服困难的作风和团结协作的集体主义精神。

在第六届全国少数民族传统体育运动会拉萨分赛场的比赛上，“押加”是 4 个正式比赛项目之一。当时的竞赛规则规定，“押加”比赛的场地为长方形，宽 2 米，长不做限制。比赛场地应有明显的界限，长边叫边线，短边叫端线，在两条边线的中点，画一条与端线平行的连线叫中线，在中线的左右 1 米处，各画一条线与中线平行为决胜线。

比赛用的绳子长为 11.4 米，宽约 90～120 厘米，用两头有圈的彩色绸缎制成，绸带中间有一坠条，作为判定胜负的标志。运动员要着民族服装，胶底鞋，双手不能增加任何辅助器材。

一场比赛的参赛者为两人，年龄不受限制，按体重分 55、60、70、80 公斤级和 80 公斤以上级等 5 个级别进行，每场比赛均采用三局两胜制。比赛时间一般也不受限制，但在一局比赛中如遇双方相持达一分半钟不能决出胜负，就暂停比赛，休息一分钟后重新比赛。

藏民族崇尚大象，在传统的民间体育活动中，大象拔河是民间比赛气力的拔河活动中很受欢迎的一种，其他还有多种形式，在不同的藏族地区有不同的称谓。如“格吞”是两人相对而立，用绳子套在颈部的拔河。“奔牛”是把牛毛绳的两头结成套，套在二人的肩背部，侧向而立，互相对拉。此外，大象拔河除进行两人赛外，也可进行三人各为一方的比赛，这样使比赛难度更大。

在第六届少数民族运动会押加比赛中，人们意识到，从人体健康角度来讲，这个项目的动作要求和比赛规则应加以改进，因为把套环套到脖子上，在拉的时候对两边的动脉血管有压迫的作用，拉的时间长了，运动员就会头晕，大脑缺氧，对身体健康造成损害。

全国许多省份也都建议将这一项目的规则进行改进，并且在日常训练中，也曾尝试了多种动作，但由于押加是全国民运会的正式比赛项目，因此，改进它需要一定的程序，不过，从人性化角度和发展的观点来考虑，有关部门应该重视这一问题：经过押加比赛组委会讨论通过以后，还要报国家体育总局裁判委员会、民宗委、政协，层层审批以后可以执行。目前训练的时候已经改进成斜着挂到肩或从腋窝底下过，效果挺好。其他省也提了这样的意见，但现在还没有改，人们训练以后感觉那两种姿势效果都比现在这个要好，将来希望能够对人体的安全、健康各方面考虑。

河北省在2004年首次举办了押加培训班，并在沧州市举行过表演赛。共有12个代表团组队参赛。然而，在这届比赛中，很多选手都是由于技术要领欠缺而失败，没能发挥出自己的水平。押加比赛较量的主要是腿部和腰部力量，既考验毅力，也比拼技术，要求选手对力学原理有基本的了解。选手对比赛的不适应，正暴露出这一项目在河北省普及度不够，很多选手，包括一些教练员，对项目的规律性认识还不够，需要进一步摸索与总结经验。

第二章　押加技、战术教学

正式的押加比赛项目是以单人拔河为主，双方把打好结的绳环套在脖子上，两人相背，将比赛绳经胸腹部从裆下穿过，然后趴下，双手、两脚前脚掌着地，把赛绳拉直，绳子中间标志物垂直于中界。要求比赛者快速起动，用腿、手、腰、颈及全身的力量向前爬行，直至将绳上的垂直标志物拉过河界。

第一节　押加技、战术运用

一、起动

起动，主要是在裁判员鸣哨的一刹那迅速发力，抢先占据优势。包括了起动时的预备姿势、重心控制、爆发力等。

1. 预备姿势

听到“预备”的口令后，运动员要调整好呼吸，做好准备姿势：两手与肩同宽，垂直支撑身体于地面，手臂微屈；两脚分为两脚同距和两脚前后蹬地；腰背尽量平行地面，比赛绳要拉紧。

2. 起动发力

在哨声响起时，比赛队员要迅速发力占据主动。比赛队员控制好自已与地面的高度，起动发力不要向前大步迈脚，这样会使身体重心不稳，失去主动权。应先向前发力快速顶肩，再向前迈腿。

二、途中对抗

途中对抗包括：途中进攻和途中防守技术。在双方比赛运动员起动后，双方进入僵持中的一种对抗形式。考验运动员的耐力、身体重心的稳定性、心理、时机的把握等。

1. 途中进攻

途中进攻的技术动作很多，主要是判断好时机，在起动发力同时一气呵成；或者在僵持时判断对方松劲的一刹那发力的过程。

(1) 稳步向前拔法

动作如大象一般，一步一步奋力前爬。体现了比赛运动员的用力一致性，使颈力、手力、腰背力、腿力全身力量向一个方向发力的综合性。

（2）波浪式拔法

比赛队员的动作像波浪一样，向前发力扑腹前进。利用规则双手不得同时离地超过5秒钟。比赛队员快速双手离开地面，发力向前拔，随即双手扶地，连续进行。此动作对体力的消耗很大。

（3）双脚蹬力爆发拔法

比赛队员双手、双脚平行爬地，开始哨声一响，双腿同时迅速向前发力蹬地，手向前爬，随即腿再跟上。此动作全身的移动距离过大，容易出现身体不稳的情况。

2. 途中防守

途中防守动作可分两种：两脚同距爬地和两脚前后爬地。身体下压向前倾，重心比起动时微低，手臂微屈，肩前顶。从比赛绳去感应对方的动静，在对方稍有松懈时，立即发力向前拔。考验比赛队员的判断和心理，还有身体耐力和身体重心控制。

三、发力冲刺

发力冲刺是经过起动，或者经过途中对抗过渡到获胜的过程。考验了运动员力量、意志、顽强的精神。

第二节　押加技、战术教学与训练方法

押加队员在训练过程中针对技术特点练习全身力量、耐力、爆发力等，包括从实战中的练习判断能力、比赛时心理、身体协调控制能力。力量训练一周2~3次。

一、力量

包括上肢力量、下肢力量、腰腹力量、身体的拉力等。

1. 上肢力量

上肢力量包括手臂、肩、胸、背部位。

（1）卧推练习，包括平躺卧推、斜下卧推、斜上卧推。

（2）推举、杠铃弯举、杠铃划船等练习上肢大肌肉群力量。

（3）引体向上、臂屈伸等加强上肢力量。

2. 下肢力量

下肢力量主要针对腿部练习。深蹲、半蹲是加强下肢力量最好的选择。

3. 腰腹力量

腰腹包括腹、背肌肉。练习方法很多，主要针对加强腰腹力量为主。

4. 身体的拉力

身体拉力是针对全身的力量配合，练习方法：站立拉重物、趴地拉重物等；分为拉移动的重物和固定的重物。

二、耐力

耐力训练很简单，目的是为了加强肌体能量生产的能力。项目为速度、爆发力、僵持对拔等。主要分为：

1. 有氧耐力。
2. 速度耐力。
3. 力量耐力。
4. 无氧耐力。

训练时间要短，强度要大，并要有足够的休息时间防止训练过度。

三、爆发力

爆发力是肢体运动，是肌肉以极短的时间、尽快的速度收缩所产生的均有快速特征的力量，它给运动部位以很大的加速度，使肌体引发显著的速度变化。

在训练方法上有器械训练、徒手训练、训练负荷、训练组次数等因素的影响，另外还有一般力量训练与爆发力训练的关系等。

1. 发展爆发力的原则

人体运动产生爆发力的大小，取决于肌体运动的加速度，因此，要发展爆发力，必须遵循增大肌肉的收缩力和极短工作时间的原则。

2. 发展爆发力的训练负荷，训练休息时间，训练组（次）数的关系。

（1）爆发力是靠磷酸肌酸供能的，其供能时间一般为 8 秒，因此，每秒快速重复练习一般限定在 8 秒钟之内完成，休息 2 分钟后重复训练。

（2）爆发力的练习：

a 大重量、少次数法。负重 70% ~80%，每组用最快的速度做 3 ~5 次，重复 5 ~8 组，侧重训练爆发力的力量。

b 中小重量、多次数法。负重 60%，每组最快速度做 6 ~10 次，重复 8 组，侧重发展爆发力的速度。

c 小重量、多次数法。负重 30% ~40%，每组最快速度做 20 次，重复 3 ~5组，侧重发展爆发力中的速度，对发展上肢肌肉速度性有较好的效果。

大负荷训练侧重发展爆发力中的力量为主，小负荷训练侧重发展速度为主。负荷向上，组数下减，反之，负荷向下，组数增加。

3. 爆发力训练中的心率监控

美国游泳教练蒙哥马利谈到“每分钟 180 次心率的训练可提高白肌，140～150次时发展红肌”，白肌只要提供爆发力，那么我们通过训练，要使心率在 180 次左右，才能取得发展爆发力更好的效果。

4. 爆发力与一般力量的关系

在爆发力的组成中，力量起主导作用，一般力量是爆发力的基础。因此，力量增大有助于爆发力的发展。但应特别指出的是，力量不等于爆发力。

5. 爆发力训练的方法

（1）立卧撑：

练习者俯卧，双手屈臂支撑，用力伸直支撑身体，两脚蹬地，体前收腹，上体抬起，两脚蹬地腾空；身体落地全蹲，双手撑地，两脚后伸，身体成平直俯卧，反复练习，可发展腿、臂及腰腹的爆发力。

（2）负重半蹲跳：

负重小杠铃或者是沙背心等，双腿半蹲，用力跳起，连续快速重复多次。可发展腰，腿部爆发力。

（3）硬拉练习：

练习者抬头、屈膝、直背，上体前俯，做快速硬拉中等负荷杠铃，反复练习，可发展背、腰、腿、臂的爆发力。

（4）跳推小杠铃练习：

练习者抓握小杠铃屈肘于胸前，两脚并拢，然后分开，同时前推杠铃，屈臂回收，两腿并拢，重复多次，以发展臂部爆发力。

四、队员实战对拔

经过实战练习队员的判断能力、心理作用、身体力量统一发挥的问题等。通过一边进攻、一边防守，同级别对拔，小级别对大级别等练习。同时练习队员的身体稳定性，动作技术的运用。

第三章　押加竞赛规则

第一节　场地与器材

一、定义

押加比赛是由两名运动员在比赛场地上，将一条长绸布带做成的圆环分别套于颈部（带子从两腿间通过），四肢着地并背向对方，向自己的前进方向用力，以一方将置于两者之间的坠条拉过自己一侧的决胜线为胜利。

二、比赛场地

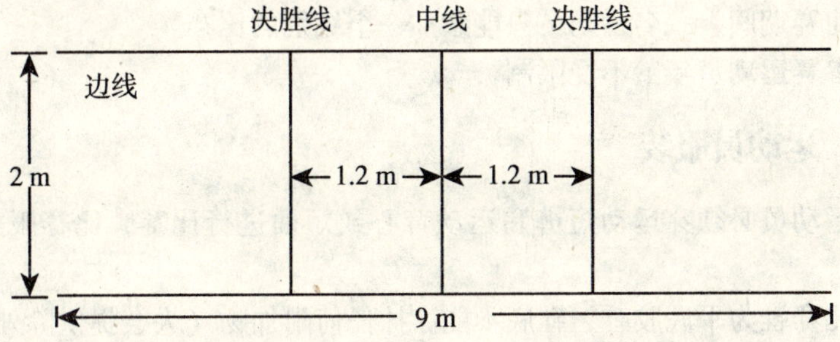

1. 比赛应在平整硬质地面上进行。

2. 比赛场地为长方形，宽 2 米，长 9 米（无端线）。场地的丈量从界限的内沿量起。

3. 界线：

比赛场地应有明显的标线，两条长边为运动员比赛限制线。线宽均为 0.05 米，场地四周至少 2 米以内不得有任何障碍物。

4. 中线和决胜线：

（1）中线：连接两条边线的中点，画一条与边线垂直的线为中线。

（2）决胜线：距中线两侧各 1.2 米处，各画一条与中线平行的线为决胜线。

三、器材

1. 带子：长6.5米，宽1.2~1.6米，用红色绸缎制成。带子两端呈圆环形，圆环周长为1.0~1.10米。带子中间系一条可移动的并有适当重量的坠条，作为判定胜负的标志。

2. 护垫：为长0.30米、宽0.15米、厚0.02米的海绵，以软布包裹后，固定在带子两端圆环处的受力处，用于保护脖颈。

3. 用于鉴别双方运动员的比赛绸带，比赛绸带为两种不同颜色。

4. 比赛辅助用品：

口哨、小红旗、扫把、记录用笔和纸、红黄牌等。

第二节 比赛通则

一、运动员

1. 比赛设男子和女子。运动员按各自体重，参加规定级别的比赛。

2. 比赛期间，一名运动员只能参加一个级别的比赛。

3. 参赛运动员年龄不受限制。

二、运动员服装

1. 运动员必须穿运动短裤和运动背心或短袖进行比赛，比赛服式样各队应统一。

2. 比赛鞋为平底胶鞋，鞋底不能涂抹任何附加物（大会提供除外）。

三、教练员

比赛过程中，教练员应坐在指定的座位上，并不得干扰裁判工作的进行。

四、赛制

比赛可采用淘汰制或循环制。

五、比赛场数

运动员一天比赛场数不得超过两场，特殊情况除外。场与场之间至少有30分钟的休息时间。

六、体重分级

1. 男子项目 8 个级别：

（1）55 公斤级（体重不超过 55 公斤）；

（2）61 公斤级（55.01～61 公斤）；

（3）68 公斤级（61.01～68 公斤）；

（4）76 公斤级（68.01～76 公斤）；

（5）85 公斤级（76.01～85 公斤）；

（6）95 公斤级（85.01～95 公斤）；

（7）110 公斤级（95.01～110 公斤）；

（8）110 公斤以上级。

2. 女子项目 7 个级别：

（1）48 公斤级（体重不超过 48 公斤）；

（2）53 公斤级（48.01～53 公斤）；

（3）58 公斤级（53.01～58 公斤）；

（4）63 公斤级（58.01～63 公斤）；

（5）69 公斤级（63.01～69 公斤）；

（6）75 公斤（69.01～75 公斤）；

（7）75 公斤以上级。

七、称量体重

1. 称量体重应在比赛前 2 小时进行，全部比赛只称量一次体重，称量体重工作应在一个小时内完成，过时以弃权论。

2. 称量体重先由体重轻的级别开始，每人称量一次。运动员称量体重时，应赤身或穿短裤。如称量后运动员体重超过原属级别，并在规定称量时间内达不到报名参赛级别要求，将被取消比赛资格。

八、比赛方法

1. 比赛礼节：比赛开始前和比赛结束后，双方运动员应相互握手，并与场上裁判员握手致意。

2. 比赛姿势：四肢着地，带子两端的圆环分别套在双方运动员的颈部，带子经胸前和两腿中间经过。双方运动员身体距中线最近点的距离应该相等，运动员向各自的前方用力。

3. 比赛时间：每局比赛以一方获胜为结束，但在一局比赛中如遇双方相持达 90 秒不能决出胜负，则暂停比赛，休息 1 分钟后重新开始比赛。

4. 比赛胜负：带子中间坠条垂直于中线，裁判员发令后比赛开始，以坠条拉过一方的决胜线者为胜方。

5. 比赛过程中，如遇比赛带子断裂，应换取新的比赛带子重新进行比赛，已完成的比赛成绩有效。

九、比赛要求

1. 比赛场数要求，除有特殊情况外，运动员在一天的比赛场数不得超过两场，场与场之间至少有30分钟的休息时间。

2. 每局比赛的开始与结束，均以场上裁判员鸣哨为准。

3. 比赛进行中，当记录台发出信号，场上裁判员发出停止口令时，双方运动员应立即停止比赛。

4. 全场比赛结束时，场上裁判员宣布该场比赛结束后，运动员方可离开比赛场地。

5. 在比赛进行中，教练员和助手应坐在指定的座位上，不得干涉裁判员的工作。如有意见，可在比赛结束后30分钟内通过领队向总裁判长或仲裁委员会提出书面申诉，裁判员不受理任何意见。

第三节　胜负及名次

一、胜负

1. 每场比赛为三局二胜制，胜一局得一分，先得2分者为胜。

2. 循环赛中胜一场得2分，负一场为0分。

3. 对方弃权，获胜方以2∶0计分。

二、名次（循环制）

1. 积分多者名次列前。

2. 获胜场次多者名次列前。

3. 如两人积分相等，则按两人在比赛中的胜负确定名次，胜者名次列前。

4. 如两人以上积分相等而又循环互胜，则按以下程序确定名次：

（1）获2∶0多者名次列前。

（2）获2∶1多者名次列前。

（3）受罚次数少者名次列前。

（4）体重轻者名次列前（以称量体重计）。

（5）抛币。

第四节 犯规与罚则

一、犯规：出现以下情况者视为犯规行为

1. 故意延误比赛者；
2. 双方运动员双手着地后，一方运动员未经裁判员允许，而自行站起者；
3. 运动员自行在比赛场地或鞋底涂抹用于增加摩擦力的非大会提供物品（如胶水、口香糖、汗水、唾沫等）者；
4. 比赛进行中，双手离地超过5秒；
5. 比赛进行中，在处于不利情况下而要求暂停者；
6. 比赛进行中，运动员做了不尊重裁判员的行为；
7. 比赛进行中，有意进行非真实比赛者；
8. 比赛进行中，运动员身体任何部位触及边线及边线以外地面者；
9. 比赛进行中，自行停止比赛者。

二、罚则

1. 凡运动员出现上述犯规情况之一者，根据情节轻重分别给予第一次警告，第二次取消该局或该场，直至全部比赛资格。

2. 如运动员在一局或一场比赛中受到2次警告，则视情节轻重给予取消其该局或该场，直至全部比赛资格，判对方获胜。

3. 比赛进行中，教练员或助手如有不尊重裁判员的行为或干扰比赛，第一次警告，第二次则罚其退出比赛场地。

4. 两个单位的运动员为了挤掉其他运动员或其他比赛队的名次，有意进行非真实的比赛，应取消一方或双方运动员该场或全部比赛资格。

5. 比赛中，运动员采取消极态度有意逃避时，场上裁判员可停止比赛，对消极运动员（一方或双方）进行劝告、警告。

第五节 弃权与申诉

一、弃权

1. 称量体重不符合规定，并在有效时间内不能达到标准者，视为弃权。
2. 超过检录时间5分钟未到场按弃权论。
3. 超过比赛时间3分钟，不能上场比赛者，按弃权处理。

4. 运动员因伤病而不能参加比赛或治疗后要求重新参加比赛，须经大会医生证明。因伤病而不能参加比赛，则判该运动员该场比赛弃权。

5. 比赛进行中，一方因受伤不能继续比赛时，裁判员可暂停比赛，但因运动员受伤而治疗超过 5 分钟时仍不能继续比赛，则判受伤运动员弃权。

6. 比赛进行中，一方因为服装、鞋破或断裂应继续比赛，若该运动员自行终止比赛，则判该运动员弃权。

二、申诉

运动员对裁判员裁决有争议时，由领队或教练员在比赛结束后 30 分钟内以书面形式向仲裁委员会提出申诉，同时交纳申述费。仲裁委员会的判决为终审裁决。

附 录

除前面介绍的八个民族传统体育项目外，还有七个项目也是全国少数民族传统体育运动会的竞赛项目，下面分别简单介绍一下。

一、射弩

射弩是在我国云南、贵州、海南、湖南、广西等地盛行的民族传统体育项目，瑶、傈僳、怒、苗、彝等民族都有使用弩的悠久历史。他们不仅用弩狩猎，还将弩作为装束和定情的信物。1986 年，在第三届全国少数民族传统体育运动会上，射弩被列为竞赛项目。射弩比赛分立姿和跪姿两种，均为无依托，以射中的环数计算成绩。比赛使用的弩包括民族标准努和民族传统弩。项目包括团体项目和个人项目。

二、马术

马术也叫赛马，是我国众多民族喜爱的一项民族传统体育项目。在内蒙古、新疆、西藏、青海、甘肃、云南、贵州、四川等地区尤为盛行。1986 年，在新疆举行的第三届全国少数民族传统体育运动会上，马术首次被列为运动会的比赛项目。历届运动会马术项目设有速度赛马、走马、跑马射击、跑马射箭和跑马拾哈达五个项目的比赛。比赛马匹必须是在中国出生的非英纯血马和非阿拉伯马。

三、龙舟

龙舟是一项在各少数民族中广泛开展的民族传统体育项目，壮、苗、傣、白、土家等诸多南方少数民族均有在节日赛龙舟的风俗。1999 年，在广西举行的第四届全国少数民族传统体育运动会上，该项目第一次被列为运动会的正式比赛项目。龙舟比赛是全国少数民族传统运动会上运动员最多的项目之一，比赛时，锣鼓喧天，走行如飞，两岸观众助威加油，气氛热烈，充满欢乐祥和的节日气氛。

四、花炮

花炮又称" 抢花炮" 或" 中国式橄榄球"，是一项发源于壮族、侗族的传统体育项目。1986年，在新疆乌鲁木齐举行的第三届全国少数民族传统体育运动会上，花炮第一次被列为运动会的正式比赛项目。根据最新修订的比赛规则，花炮是由两个队参加的集体比赛项目，每场比赛双方各出场8名运动员在场上争抢花炮，一方持花炮奔跑、传递，使花炮进入对方的花篮得分；另下方则进行争抢，阻止对方得分。全场比赛时间40分钟，分上、下两个半场，每半场20分钟，中间休息10分钟，得分多者为胜队。

五、秋千

秋千俗称荡秋千，是我国民间的一大传统体育活动，尤其受到朝鲜族姑娘们的喜爱。1986年，在新疆乌鲁木齐举行的第三届全国少数民族传统体育运动会上，秋千被列为正式比赛项目。秋千是全国少数民族传统体育运动会上唯一规定只能由女子参加的比赛项目。秋千比赛分为高度比赛和触铃比赛两种，高度比赛以在规定的试荡次数内荡达的最高点来计算成绩，触铃比赛是以在规定的高度上和时间内运动员触铃的次数来计算成绩。比赛设有单人和双人项目。

六、武术

武术是一项深受各族人民喜爱，且具备民族独特风格和套路的民族传统体育项目。1991年，在第四届全国少数民族传统体育运动会上，武术首次被列为运动会的比赛项目。在历届少数民族传统体育运动会上，武术项目是参赛运动员最多、争夺最激烈的竞赛项目之一。武术竞赛项目包括拳术、器械和对练三种比赛形式。

七、民族式摔跤

民族式摔跤是具有悠久历史、浓厚民族特色的民族传统体育项目。每逢年节及重大喜庆日，许多地区都要举行摔跤比赛。自1953年第一届全国少数民族传统体育运动会开始，摔跤就成为全国少数民族传统体育运动会的比赛项目。民族式摔跤的竞赛项目包括搏克（蒙古族式摔跤）、且里西（维吾尔族式摔跤）、格（彝族式摔跤）、北嘎（藏族式摔跤）、绊跤（回族式摔胶）以及朝鲜族式摔跤六个跤种。

后　记

本书几经易稿，在全体编写人员的辛勤努力下，终于完成。

本书的撰写得到了各级领导的关心和指导，特别是河北省民族宗教事务厅、河北体育学院的领导对本书的编写倾注了极大的心血，给予了高度的支持；河北体育学院教务处、社会体育系的领导为我们积极筹划和协调；学苑出版社的各位领导和编审后期做了大量地编校、印刷、出版和发行工作，本书才得以顺利完成。此外，在编写过程中参阅、引用了有关著作。在此，特对给予我们帮助的各界领导、朋友们表示最衷心的感谢。

由于水平有限，不足之处在所难免，欢迎广大读者提出批评、建议，以便进一步完善。

本书编写组

2007年9月

参考文献

1 胡小明．民族体育．桂林：广西师范大学出版社，2000

2 王学满．少数民族传统体育项目．香港：中国科学文化出版社，2004

3 高章宁等．怎样踢好毽球．武汉：中国地质大学出版社，1999

4 国家民委文化宣传司、国家体育总局群众体育司选编．民族体育论集——第七届全国少数民族传统体育运动会科学论文报告会获奖论文集．北京：民族出版社，2003.8

5 国家体育总局群众体育司、国家民族事务委员会文化宣传司统编．少数民族传统体育项目竞赛和表演规则及裁判法．广州：广东人民出版社，2006

图书在版编目(CIP)数据

民族传统体育运动/李跃生，赵伟编著. —北京：学苑出版社，2007.10

ISBN 978 - 7 - 5077 - 2966 - 5

Ⅰ. 民… Ⅱ. ①李…②赵… Ⅲ. 民族形式体育 - 简介 - 中国 Ⅳ. G852.9

中国版本图书馆 CIP 数据核字（2007）第 155070 号

责任编辑：郑泽英
设计制作：北京鑫华印前科技有限公司
出版发行：学苑出版社
社　　址：北京市丰台区南方庄 2 号院 1 号楼
邮政编码：100079
网　　址：www.book001.com
电子信箱：xueyuan@public.bta.net.cn
销售电话：010 - 67675512、67602949、67678944
经　　销：全国新华书店
印 刷 厂：大厂益利印刷有限公司
开本尺寸：787 ×960　1/16
印　　张：13
字　　数：233 千字
版　　次：2007 年 10 月北京第 1 版
印　　次：2010 年 3 月北京第 2 次印刷
印　　数：2001 - 4000 册
定　　价：20.50 元